Hereinspaziert und Augen auf!
Die Maus blickt hinter die Kulissen

Texte von Sabine Dahm

cbj ist der Kinder- und Jugendbuchverlag
in der Verlagsgruppe Random House

Mein Dank geht an Matthias Körnich von der Redaktion der »Sendung mit der Maus«,
außerdem an Anita Leichert und Daniela Langenfeld von der WDR mediagroup
und an Anette Weiß für ihre unermüdliche Unterstützung.

Verlagsgruppe Random House FSC-DEU-0100
Das für dieses Buch verwendete FSC®-zertifizierte Papier
Hello Fat Matt von Condat liefert Deutsche Papier.

Gesetzt nach den Regeln der Rechtschreibreform

1. Auflage 2012
© 2012 cbj, München
© I. Schmitt-Menzel / WDR mediagroup GmbH
Die Sendung mit der Maus ® WDR
Alle Rechte vorbehalten
Bildnachweis für Innenfotos: siehe Seite 224
Umschlagkonzeption: schwecke.mueller
AW • Herstellung: AnG, AW
Layout und Satz: Sabine Hüttenkofer, Großdingharting
Reproduktion: Reproline mediateam, München
Druck: TBB, a. s.
ISBN: 978-3-570-15455-7
Printed in Slovakia

www.cbj-verlag.de

Inhalt

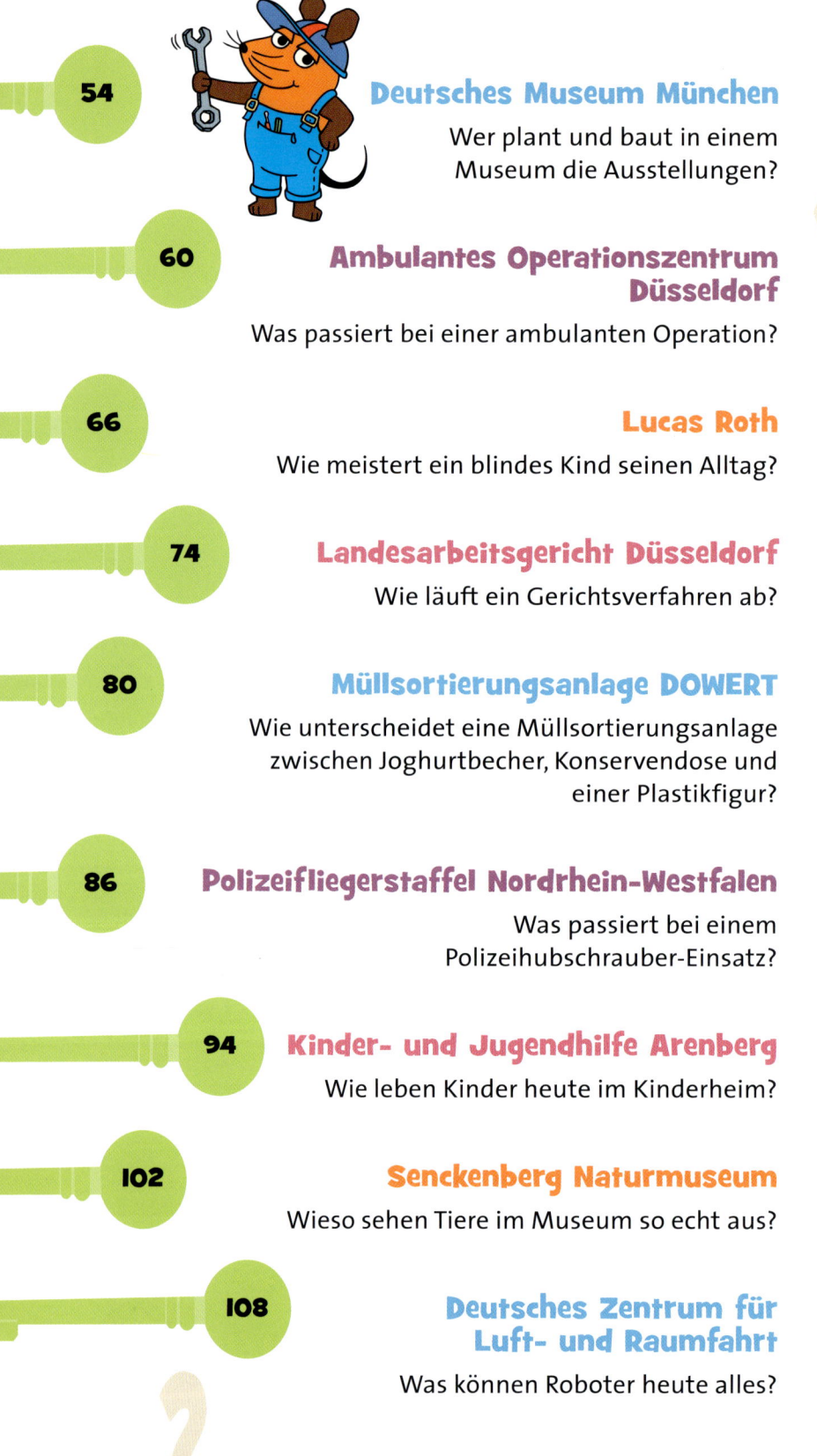

Danksagung

Unser herzlicher Dank gilt folgenden Personen, die für uns ihre Türen geöffnet haben und ohne deren tatkräftige Unterstützung es dieses Buch nicht geben würde:

Hamburger Hafen: Kapitän Horst Almer, Maschinist Mario Schröder

Emma Schweiger: Emma Schweiger, Dana Schweiger; Astrid Schulte

Justizvollzugsanstalt Gelsenkirchen: Ralf Bothge, Carsten Heim, Mark W., Susanne L.

Deutsches Zentrum für Luft- und Raumfahrt: Satelliten: Miriam Kamin, Petra Kuss, Dr. Florian Sellmaier

Kloster Plankstetten: Abt Beda Maria Sonnenberg, Frater Andreas Schmidt

Südtiroler Archäologiemuseum: Prof. Albert Zink

Bernhard-Nocht-Institut für Tropenmedizin: Sicherheitslabor: Dr. Eleonora Setiadi, Dr. Petra Emmerich, Dr. Toni Rieger

Deutsches Museum München: Dr. Susanne Rehn-Taube, Elisabeth Knott, Prof. Dr. Thomas Brandlmeier, Bernhard Weidemann

Ambulantes Operationszentrum Düsseldorf: OP-Schwester Sylvia, Dr. Bernd Marquardt, Dr. Wolfgang Quante

Lucas Roth: Lucas Roth, Tanja Roth

Landesarbeitsgericht Düsseldorf: Prof. Dr. Wulfhard Göttling, Gerd Mager, Wolfgang Schmitz, Katrin Lindner, Dr. Michael Gotthardt

Müllsortierungsanlage DOWERT: Petra Hartmann (EDG Entsorgung Dortmund GmbH), Christian Winterkamp (DOGA – Dortmunder Gesellschaft für Abfall mbH), Georg Krieger (DOWERT Dortmunder Wertstoffgesellschaft mbH)

Polizeifliegerstaffel Nordrhein-Westfalen: Stefan Hitzke, Polly Schumacher

Kinder- und Jugendhilfe Arenberg: Susanne Geeb, allen Kindern in der Sonnen- und der Kometengruppe

Senckenberg Naturmuseum: Udo Becker

Deutsches Zentrum für Luft- und Raumfahrt: Institut für Robotik: Miriam Kamin, Petra Kuss, Thomas Wimböck

Leibniz-Institut für Zoo- und Wildtierforschung: Guido Fritsch, Steven Seet, Dr. Thomas Hildebrandt

Botschaft von Georgien: Ihre Exzellenz Gabriela von Habsburg, Mariam Abelishvili

meastrani Schweizer Schokoladen AG: Monika Knobel, Markus Wilda

Bundesanstalt für Straßenwesen: Petra Bauer, Dirk-Uwe Gehring (Böhme & Gehring GmbH)

Musikproduzent Dieter Falk: Dieter, Paul und Max Falk

3-D-Labor der Technischen Universität Berlin: Joachim Weinhold, Ben Jastram

Tower Köln/Bonn: Jan Gattermann, Michael Fuhrmann (Deutsche Flugsicherung GmbH)

Bernhard-Nocht-Institut für Tropenmedizin: Arbeitsgruppe Malaria: Dr. Eleonora Setiadi, Anna Heitmann, Dr. Christina Deschermeier

Lackaffen.de: Philipp Scharbert

Dokumentationsstätte Regierungsbunker: Heike Hollunder

Fraunhofer-Institute: Eveline Düstersiek (Tierpark Hagenbeck), Prof. Dr. Charli Kruse (Fraunhofer-Einrichtung für Marine Biotechnologie), Dr. Dominik Lermen (Fraunhofer-Institut für Biomedizinische Technik, IBMT)

Theater Hagen: Marilyn Bennett, Ronald Bomius, Monika Martincevic

Landeskriminalamt NRW: Kathy Kuntze, Michaela Heyer

Bergrettungshunde Salzburg: Karl Egger

Bundesdruckerei GmbH: Martin Gosen, Moritz August Raasch (Deutsche Bundesbank)

Hamburger Hafen

BUGSIER 15
HAMBURG

Was macht ein Bugsier- oder Schlepper- schiff?

Wisst ihr, was »bugsieren« bedeutet? In der Seemannssprache wird dieses Wort häufig verwendet, es gibt sogar Schiffe, die Bugsier- oder Schlepperschiffe heißen. Das sind kleine, wendige, aber sehr starke Schiffe, die große Seeschiffe in die gewünschte Richtung drehen und dann durch enges Fahrwasser leiten. Bugsieren bedeutet so viel wie lotsen. Bugsierschiffe gibt es vor allem in den großen Häfen, wo sie den riesigen Container- und Passagierschiffen beim Ein- und Auslaufen helfen, denn die engen Hafenbecken und das flache Wasser machen die schwerfälligen Ozeanriesen manövrierunfähig. Die kleinen Schlepper bringen die einlaufenden Schiffe sicher zu ihrem Anlegeplatz an der Pier und lenken auslaufende Schiffe in ausreichend tiefes Wasser, bis sie wieder allein Fahrt aufnehmen können. Die Bugsier- oder Schlepperschiffe sind für große Seeschiffe eine Art Türöffner zum Hafen.

Um herauszufinden, wann, warum und wie ein Schiff bugsiert wird, haben wir uns im Hamburger Hafen umgesehen. Es ist der größte Seehafen Deutschlands und jeden Tag laufen hier über 25 riesige Container- oder Kreuzfahrtschiffe ein. Seit 1866 helfen die Schlepperschiffe der alten Hamburger Traditionsreederei »Bugsier« großen Frachtern in den Hamburger Hafen. Normalerweise dürfen Leute, die nicht zur Schiffsbesatzung gehören, auch nicht an Bord. Aus Sicherheitsgründen ist es verboten. Aber für uns wurde eine Ausnahme gemacht: Die Schleppertür der Bugsier 15, auch Schott genannt, ging auf. Durch diese Tür aus Metall konnten wir an Bord, um die Arbeit des Schleppers ganz genau mitzuverfolgen.

Die Bugsier 15 ist 28 Meter lang, 9 Meter breit und hat einen Tiefgang von 4,60 Metern. Angetrieben wird sie von zwei Hauptmaschinen mit jeweils

1500 PS. An Bord der Bugsier 15 arbeiten Kapitän Almer und seine Crew seit Jahren eng zusammen. Die Crew besteht aus einem technischen Offizier, auch Maschinist genannt, einem Schiffsmechaniker und einem Steuermann. Meist ist die Besatzung 14 Tage lang am Stück Tag und Nacht gemeinsam an Bord, denn Schlepper haben 24 Stunden Bereitschaft, da jederzeit ein Ozeanriese ihre Hilfe benötigen könnte. Die Bugsier 15 liegt dann mit vielen anderen Schlepperschiffen hintereinander aufgereiht an der Schlepperbrücke Neumühlen und wartet auf ihren nächsten Einsatz. Den Auftrag dazu bekommt Kapitän Almer – ähnlich wie ein Taxi – per Funk von der Einsatzzentrale des Hafens.

Horst Almer ist der Kapitän der Bugsier 15.

Die Condor Bay läuft aus

Heute möchte das 150 Meter lange Containerschiff Condor Bay aus dem Hafen auslaufen. Da sie im Hafen nur ganz langsam fahren kann, ist ihr Ruder nicht richtig lenkfähig und sie braucht Hilfe, um aus den engen flachen Becken ins tiefere Fahrwasser zu gelangen. Deswegen bestellt der Kapitän der Condor Bay bei der Zentrale über Funk mehrere Schlepper. Das ist nicht ungewöhnlich, denn bei

so großen Schiffen wie diesem werden häufig zwei bis drei unterschiedlich starke Schlepper benötigt. Zudem muss ein Hafenlotse an Bord des großen Frachters gehen, denn er kennt sich im Hafen ganz genau aus und kann dem Kapitän der Condor Bay wichtige Informationen über die Tiefe der Fahrrinne geben. Im Hamburger Hafen ist diese Fahrrinne ungefähr 14 Meter tief. Da Ozeanriesen häufig einen Tiefgang von 10 Metern oder mehr haben, müssen die Schiffe exakt in der Fahrrinne bleiben, sonst laufen sie auf Grund. Der Hafenlotse gibt auch später Kapitän Almer auf unserem Schlepper die Anweisungen zum Manövrieren des Frachters.

Nachdem Kapitän Almer den Einsatz-
befehl erhalten hat, heißt es: »Klar-
machen zum Abgang«, und er gibt
seiner Crew die Kommandos. Sofort
verschwindet der Maschinist der Bugsier 15 durch eine dicke Stahltür tief
im Bauch des Schleppers. Denn hier
sitzt das Herzstück, die eigentlichen
Hauptmaschinen, die mit kraftvollen
3000 PS ein Containerschiff wie die
Condor Bay bewegen können.

Nachdem der Maschinist im Maschi-
nenraum alle Vorbereitungen zum
Starten der Maschinen getroffen hat,
startet er zuerst die Hilfsmotoren.
Diese versorgen alle Maschinenteile
mit Strom, die zum Starten der
Hauptmaschinen erforderlich sind.
Erst jetzt kann Kapitän Almer die bei-

Die kräftige Hauptmaschine im Bauch der
Bugsier 15

den Hauptmaschinen von der Brücke
aus anlassen. In dem warmen Ma-
schinenraum entsteht sofort ein
schrecklicher Lärm, der nur mit dicken
Ohrenschützern zu ertragen ist.
Für den Schlepper heißt es nun:
»Leinen los«, und Kapitän Almer steuert sein 30 Meter langes Schiff quer
durch den Hafen bis zum Liegeplatz
der Condor Bay. Hier steht schon der
Hafenlotse neben dem Kapitän auf
der Kommandobrücke und bringt
zwei andere Schlepper in Position.
Dabei verwendet er typische Begriffe
aus der Seemannssprache. Steuer-
bord bedeutet rechts in Fahrtrichtung, mit backbord ist links gemeint.

Der Maschinist Mario Schröder
startet die Hilfsmaschinen.

Auch die Bugsier 15 erhält von ihm so lange genaue Anweisungen, bis sich der kleine Schlepper ganz nah vor dem gewaltigen Bug, also am vorderen Ende des Ozeanriesen befindet. Es sieht ein wenig aus wie David vor Goliath.

Der Hafenlotse regelt auch die weiteren Schritte des «Ausparkens» des Frachters. Haben alle Schlepper ihre Stellung eingenommen, wirft ein Matrose der Condor Bay den Bugsierschiffen je eine Wurfleine zu. An dieser Wurfleine wird jeweils der Schleppdraht, der auf einer riesigen Schleppwinde aufgetrommelt ist, befestigt und dann zum Frachter hochgehievt. Der Schleppdraht ist ein 42 Millimeter dickes, stabiles Stahlseil mit einer großen Schlaufe am Ende. Diese Schlaufe bezeichnen die Seeleute auch als Auge. Es hat eine ovale Form und wird an Deck des Frachters über einen Metallpoller gelegt.

Durch die Stahlseile ist die Verbindung zwischen dem Ozeanriesen und den Schleppern hergestellt und die kleinen Kraftprotze können mit ihrer eigentlichen Arbeit beginnen. Auf der Brücke der Bugsier 15 steht Kapitän Almer und zieht das Containerschiff vorsichtig mit seinem Schlepper von der Kaimauer weg. Hierbei steuert er die

Zwischen der Bugsier 15 und dem Containerschiff Condor Bay wird das Schleppseil gespannt.

Schleppwinde, auf der sich insgesamt 400 Meter Drahtseil befinden, mit einem Joystick von der Brücke des Schleppers aus.

So wird das Seeschiff mithilfe der kleinen Schlepper langsam gedreht, aus dem engen Hafenbecken gezogen und in Richtung Fahrrinne gebracht. Hier kann die Condor Bay Fahrt aufnehmen und wieder selber lenken. Doch vorher heißt es: »Bugsier 15 ist los«, und der Schleppdraht wird langsam wieder auf die Winde an Deck des Schleppers gehievt. Und während der Ozeanriese dem Horizont entgegensteuert, reiht sich die Bugsier 15 wieder an der Brücke Neumühlen in die Reihe der Schlepper ein.

Beim Hafengeburtstag bieten die Schlepper den Zuschauern an den Landungsbrücken etwas ganz Außergewöhnliches: das weltweit einmalige Schlepperballett unter der Regie von Kapitän Dietrich Petersen! Hierbei drehen, rollen und schieben sich die bis zu 5000 PS starken Schlepper durch die Wogen des Hafenbeckens und drehen zur Walzermusik etliche Pirouetten, bei denen auch manchmal der ein oder andere Zuschauer an den Landungsbrücken so richtig nass wird.

Die Bugsier 15 schleppt die Condor Bay vom Liegeplatz zur Fahrrinne.

Emma
Schweiger

Wie bereitet sich eine Schauspielerin auf ihre Rollen vor?

Habt ihr schon mal davon geträumt, ein Schauspieler zu sein und richtig berühmt zu werden? Schauspieler müssen Drehbücher lesen, häufig lange Texte lernen, Kostüme tragen und werden in der Maske für ihre Rolle passend geschminkt. Manchmal müssen sie sogar zu- oder abnehmen und die Haarfarbe oder Frisur ändern. Außerdem müssen sie sich in die Rolle hineinfühlen können, damit die Figur aus dem Drehbuch lebendig wird. Um herauszufinden, wie das geht, haben wir uns in einem Hamburger Café mit einer bekannten Schauspielerin verabredet. Als wir schon mal neugierig durch die geschlossene Glastür des Cafés schauen, können wir sie nicht entdecken. Aber in dem Moment, in dem wir die Tür öffnen, hören wir ihr helles Lachen und finden sie auch ganz schnell: Es ist Emma Schweiger!

Bei Limonade und Flammkuchen verrät uns Emma, wie sie ihre erste Hauptrolle bekommen hat, wann sie die Texte lernt, wie es ohne Eltern am Set ist und warum ihr die Arbeit mit dem Filmteam so gut gefällt.

Emma Schweiger ist neun Jahre alt und die jüngste Tochter von Dana und Till Schweiger. Die junge Schauspielerin stand schon mehrmals vor der Kamera und musste sich auf unterschiedliche Rollen vorbereiten. Mittlerweile hat sie mit ihrem Vater Till Schweiger vier Kinofilme gedreht, war in einem Fernsehfilm zu sehen und moderierte mit ihren beiden Schwestern Lilli und Luna eine Fernsehserie, in der Tipps für den richtigen Umgang mit Haustieren gegeben wurden. Und Preise hat Emma auch schon gewonnen.

Emmas Rollen

Aber jetzt mal ganz von vorne. Mit fünf Jahren bekam Emma ihre erste kleine Rolle als Cheyenne-Blue in dem Film Keinohrhasen. Weil ihr die Arbeit vor der Kamera richtig gut gefiel, freute sie sich auch über die Rollen in zwei weiteren Filmen, die sie mit ihrem Vater drehte. »Drehen ist ein bisschen wie Urlaub vom Alltag und vom Schulleben«, sagt sie. »Wenn ich mit meinem Vater einen Film drehe, ist es immer das gleiche Team und alle kennen mich schon gut. Wir sind wie eine große Familie, alle sind nett, machen Scherze und lachen ganz viel.«

Deswegen wollte sie auch unbedingt in dem Film Kokowääh mitmachen, den ihr Vater 2011 produziert hat. Sie verrät, dass sie ihren Vater ganz schön überreden musste, um an diese Rolle zu kommen. Denn eigentlich wurde ein etwas pummeliges Mädchen gesucht, das eine große Brille tragen sollte. Aber schließlich willigte er ein.

Bevor sich Emma auf ihre erste Hauptrolle vorbereiten konnte, musste ihre Mutter die Dreharbeiten bei der Schule und beim Jugendamt anmelden und genehmigen lassen. Auch ein Arzt musste zustimmen. In Deutschland darf nämlich kein Kind ohne diese Genehmigungen arbeiten und es gelten bei Kindern besonders strenge Regeln für Pausen und Drehzeiten.

Für die Dreharbeiten von Kokowääh stellte Dana Schweiger die Schauspielerin Nicole als Setnanny ein. Nicole spielt selbst nicht mit, aber sie begleitet Emma während des gesamten Drehs am Set, so wird der Drehort genannt. Die Dreharbeiten zu Kokowääh finden bei Emmas Vater in Berlin statt. Als Erstes liest Emma vor Beginn der Dreharbeiten mit Nicole das gesamte Drehbuch durch, um die Geschichte richtig zu verstehen. Jetzt kann sie sich besser in ihre Rolle einfühlen. Danach lernt sie den Text immer nur stückchenweise abends für den nächsten Tag.

Ein Tag am Set

Schauen wir uns doch mal einen Drehtag von Emma an. Morgens fährt sie mit ihrem Vater oder Nicole zum Set. Manchmal drehen sie in der Stadt, an einigen Tagen fahren sie aber auch aufs Land. Am Set angekommen, geht Emma zuerst in die Garderobe. Hinter der Garderobentür hängen auf langen Kleiderstangen die Kostüme von allen Schauspielern. Die Mitarbeiter suchen dann die passenden Sachen für die nächste Filmszene raus. Schnell wird auch noch mal ein Knopf angenäht oder eine Hose aufgebügelt. Die Zeit in der Garderobe findet Emma immer besonders lustig, weil sie sich hier an eine hohe Kleiderstange wie an eine Turnstange hängen kann und mit den Beinen baumelt, während sie umgezogen wird. Anschließend geht es eine Tür weiter. »Maske«, steht auf einem großen Schild. Emma bekommt kein aufwendiges Make-up, aber ihr Gesicht wird eingecremt und gepudert, damit es im Scheinwerferlicht nicht glänzt. Danach wird sie frisiert, mal mit Spangen und Haargummis und mal mit einem Kopftuch. Dabei vergleichen die Mitarbeiter aus der Maske Emmas Aussehen bis auf die

letzte Haarsträhne immer wieder mit einigen Fotos von ihr. Emma erklärt uns, dass das sehr wichtig ist, weil beim Film auf den »Anschluss« geachtet werden muss. Die einzelnen Szenen werden nämlich nicht wie bei einem Theaterstück vom Anfang bis zum Ende hintereinander gedreht, sondern oft in vertauschter Reihenfolge. Nach den Dreharbeiten wird der Film geschnitten, das bedeutet, die einzelnen Szenen werden zusammengesetzt. Und dann ist es wichtig, dass die Haarsträhne oder der Zopf wieder an der gleichen Stelle sind. Damit das ohne Fehler klappt, wird Emma vor jeder neuen Einstellung fotografiert.

Emma und Till Schweiger bei den Dreharbeiten zu dem Film »Kokowääh«

Jetzt geht sie mit Nicole zum restlichen Team am Set. Hier bespricht der Regisseur mit dem Team noch mal genau die nächste Szene, die gedreht werden soll. Ein Regisseur ist sozusagen der Leiter der Filmaufnahmen und achtet darauf, dass die Angaben und der Text aus dem Drehbuch richtig übernommen werden. Kichernd erzählt Emma: »An einigen Stellen bin ich sogar besser als mein Papa. Ich weiß meinen Text besser als er und ab und zu kann ich ihn sogar verbessern, weil ich auch seinen Text auswendig weiß.«

Emma und ihre Mutter Dana Schweiger

In den Drehpausen bewegt sich Emma viel. Sie flitzt zwischen dem Team umher und holt sich Süßigkeiten. »Die Süßigkeiten und der Dolly sind richtig toll«, sagt sie und erklärt: »Ein Dolly ist ein Wagen, auf dem eine Kamera befestigt ist. Ich setze mich dann auf den Kamerasitz und sause über die Schienen, die aufgebaut werden, wenn der Boden zu uneben ist.«

Am Ende des Drehtags fährt sie nach Hause und entspannt sich erst mal ein bisschen. Nach dem Essen lernt sie mit ihrem Vater oder Nicole wieder ein Stückchen Text für den nächsten Drehtag. Und dann geht's ins Bett, damit sie morgens ausgeruht und fit am Set steht.

Als sie sich mal krank fühlte, wollte Till Schweiger nicht, dass sie arbeitete. Aber Emma überredete ihn, weiterzudrehen, da sie nicht wollte, dass die anderen vom Team auf sie warten mussten. Und wie ein Profi erklärt sie: »Es fiel mir gar nicht so schwer. Es war wirklich okay. Für mich ist es viel schlimmer, wenn die Dreharbeiten ganz vorbei sind. Ich vermisse das Team und den Trubel in den ersten Tagen so, dass ich traurig bin.« Ihre Mutter kennt das schon und bestätigt, dass Emma wirklich ein paar Tage braucht, bis sie sich wieder in den Alltag hineingefunden hat.

Emma geht in eine Ganztagsschule und ihr Lieblingsfach ist Sport. Deutsch findet sie im Augenblick zwar nicht so gut, übt aber immer ganz viel Lesen. Da sie meistens in den Ferien oder am Wochenende dreht, verpasst sie auch nicht viel vom Unterricht. Ihre Eltern achten darauf, dass sie höchstens ein Wochenende im Monat arbeitet, die restliche Zeit soll sie lieber spielen. Dann lädt Emma gerne zwei oder drei Freundinnen ein. Entweder fahren sie im Wald Fahrrad oder spielen zu Hause Emmas Lieblingsspiel. Hierzu holen sie die Skibrillen und Skimützen aus dem Keller und rennen in Emmas Zimmer hoch. Sie wuchten die Matratze auf den Treppenabsatz, setzen sich darauf und rutschen die ganze Treppe hinunter. Und da Emma ihre allerbeste Freundin richtig gernhat und immer schon mal so aussehen wollte wie sie, hat sie sich gerade kurzerhand die Haare pechschwarz gefärbt.

Ihre Haarfarbe für eine Rolle zu ändern, wäre also für Emma kein Problem. Da war es schon ein bisschen schwieriger, als sie ihren ersten Fernsehfilm Und du bist weg ohne ihren Vater in Köln gedreht hat. Nicole war die ganze Zeit bei ihr und ihre Eltern waren auch fast jeden Tag da.

Nur an zwei oder drei Tagen konnte keiner der beiden Eltern am Set sein. »Das war ein bisschen blöd«, sagt sie, »denn dann konnte ich nicht richtig kuscheln und schmusen und auch nicht am Set auf dem Schoß einschlafen.«

Deswegen freut sie sich ganz besonders, dass es eine Fortsetzung von Kokowääh geben wird und sie ihren nächsten Film wieder mit ihrem Vater zusammen drehen darf. Dann wird sie sich wieder auf eine große Rolle vorbereiten, denn sie ist fest entschlossen, mit der Schauspielerei weiterzumachen. Ihr größter Wunsch ist es, ihr Gesicht und ihren Namen irgendwann mal auf einem riesigen Plakat zu sehen. Und das ist gar nicht so unwahrscheinlich, denn 2011 stand sie schon in Berlin auf dem roten Teppich und bekam mit acht Jahren den New Faces Award verliehen.

Emma mit ihrem Preis, dem New Faces Award

Wie sieht ein Leben »hinter Gittern« aus?

Bestimmt kennt ihr Gefängnisse nur aus Filmen oder habt in Zeitungen und Büchern darüber gelesen. Aber seid ihr schon mal in einer Justizvollzugsanstalt, so werden Gefängnisse auch genannt, gewesen?
Die meisten Menschen stellen sich ein Gefängnis als ein düsteres Gebäude mit vergitterten Fenstern vor, in dem Verurteilte, die eine Straftat begangen haben, in einer kleinen, kalten Zelle eingesperrt sind. Doch mittlerweile haben sich Gefängnisse zu einem Ort entwickelt, an dem die Gefangenen natürlich eine Strafe für ihre Tat absitzen, aber auch lernen oder arbeiten können und vor allem eine Unterstützung bekommen, um später ein Leben ohne weitere Straftaten zu führen. Wie das im Alltag »hinter Gittern« umgesetzt wird, haben wir uns in Gelsenkirchen angeschaut. Denn hier öffneten uns die Mitarbeiter das riesige bewachte Gefängnistor und zwei Häftlinge haben uns hinter ihre Zellentüren aus Stahl schauen lassen.

Bevor uns die Zellentüren von Mark W. und Susanne L. geöffnet wurden, haben wir uns erst einmal hinter dem streng bewachten Eingangstor der Justizvollzugsanstalt Gelsenkirchen umgesehen. Eigentlich sieht das Gefängnis eher wie ein futuristisches Forschungszentrum aus und nicht wie eine gut gesicherte Haftanstalt. Das Hauptgebäude der modernen Anlage ist halbkreisförmig angelegt, sodass an einem Ende der Männertrakt und am anderen der Frauentrakt liegt. Dazwischen befinden sich die Büroräume und die Verwaltung. Eine kuppelförmige Turnhalle, das Küchengebäude und der Sportplatz werden von dem Haupthaus eingerahmt. Die sogenannten Freistundenhöfe, in denen die Häftlinge eine Stunde täglich an die Luft dürfen, liegen zwischen den Seitenflügeln. Rechts und links vom Hauptgebäude befinden sich die Werkstätten und Schulräume.

Das Gelände ist mehrfach abgesichert. Rund um das Gefängnis verläuft eine fünfeinhalb Meter hohe Betonmauer

Die Justizvollzugsanstalt Gelsenkirchen

und etwas weiter innen gibt es einen vier Meter hohen Zaun mit Alarmanlage. Sobald man in das Metallgitter hineinfasst, wird ein Alarm ausgelöst. Zusätzlich überwachen unzählige Kameras den Bereich und können jede Bewegung verfolgen. Zwischen der Mauer und dem Zaun gibt es einen kleinen Weg, auf dem ein Vollzugsbeamter 24 Stunden mit dem Auto Kontrolle fährt. So ähnlich wie ein Streifenwagen. Würde irgendwo auf dem Gelände ein Alarm ausgelöst werden, wäre er innerhalb von dreißig Sekunden da. Ein Ausbruch ist also nicht leicht. Um eine Flucht durch die Luft zu verhindern, sind über dem Sportplatz zwei dicke Steilseile diagonal gespannt. Dadurch ist eine Hubschrauberlandung unmöglich.

Der Beamte im Auto ist übrigens tagsüber der einzige Mitarbeiter, der eine Schusswaffe trägt. Natürlich lernen alle Vollzugsbeamten in ihrer dreijährigen Ausbildung den Gebrauch von Schusswaffen und verschiedene Kampftechniken. Aber während des Dienstes bleiben ihre Handys im Spind und die Waffen in der Waffenkammer. Jetzt fragt ihr euch bestimmt, ob das nicht zu gefährlich für die Mitarbeiter ist? Auch wenn es sich zuerst ungewöhnlich anhört, tatsächlich ist das Gegenteil der Fall. Für die Beamten ist es sicherer, wenn die Gefangenen gar keine Gelegenheit haben, sie wegen einer Pistole oder eines Handys zu überfallen. Das ist auch kein Geheimnis, alle Häftlinge wissen, dass die Beamten unbewaffnet sind.

Aber sie haben immer ein Funkgerät dabei. Es hat eine Sprechfunktion, einen Alarmknopf und eine Reißleine, mit der der Beamte ebenfalls einen Alarm auslösen kann. Außerdem hat das Funkgerät eine Liegekontrolle. Wenn es etwa 30 Sekunden in einer waagerechten Stellung liegt, wird automatisch ein Signal ausgelöst. Das würde beispielsweise dann ertönen, wenn ein Beamter nach einem Angriff auf dem Boden läge.

Durch eine zurückhaltende Art kann der Beamte auch selber etwas zu seiner Sicherheit beitragen. Ralf Bothge, der stellvertretende Anstaltsleiter, erklärt: »Es ist wichtig, mit den Häftlingen nicht zu vertraulich oder persönlich zu werden. Manchmal kann das bei Langzeitgefangenen ganz schön schwer werden, denn es gibt ja auch sympathische Häftlinge, die ein Vollzugsbeamter über Jahre fast jeden

Tag sieht.« Deswegen bleibt es auch bei einem strikten »Sie« zwischen den Beamten und Häftlingen.

Insgesamt gibt es knapp 300 Mitarbeiter in der Gelsenkirchener Haftanstalt und rund 600 Gefangene, 450 Männer und 150 Frauen. Einige sind noch ziemlich jung, etwas über 20 Jahre, während die ältesten Gefangenen an die 70 Jahre alt sind. Je nachdem ob sie wegen Diebstahl, Raub, Drogen oder Gewaltverbrechen und Mord verurteilt wurden, reichen die Haftstrafen von drei Monaten bis lebenslänglich.

Mark W. erzählt uns, wie sein Tagesablauf als Häftling aussieht und wie er die Zeit in der Haftanstalt empfindet. Er ist 32 Jahre alt und wegen Betrugs zu drei Jahren Haft verurteilt worden. Ein Jahr hat er schon hinter sich und hofft, dass sich seine Haft-

Ein Flur mit vielen Zellen. In den Boden sind Gitterroste eingelassen, damit sich die Vollzugsbeamten im Notfall leicht über mehrere Stockwerke verständigen können.

zeit wegen guter Führung etwas verkürzt. Sein Tag beginnt jeden Morgen um sechs Uhr. Über eine Lautsprecherdurchsage erschallt in allen Zellen: »Guten Morgen. Es ist sechs Uhr. Alle aufstehen, bitte.« Mark W. steht dann auf und zieht sich an. Die Einrichtung seiner Zelle ist sehr einfach: Sie besteht aus einem Bett, Schrank, Schreibtisch und einem Regal mit ein paar Ordnern. Außerdem gibt es einen kleinen Raum mit Toilette und Waschbecken. Nur der Fernseher, einige Fotos und ein paar persönliche Dinge sind sein Eigentum. Einige Minuten später schließt ein Beamter für einen kurzen Moment die Zellentür auf und Mark W. bekommt von einem Mitgefangenen ein Frühstückstablett hereingereicht. Dann fällt die schwere Metalltür wieder ins Schloss, denn im Gefängnis wird allein gegessen. Das gehört zu den Einschränkungen, die eine Haftstrafe mit sich bringt.

Um halb acht wird die Zellentür erneut aufgeschlossen und Mark W. sammelt sich mit allen anderen Häftlingen, die zur Schule gehen, im Erdgeschoss. Gemeinsam werden sie zur Schule geführt, die sich auf dem Gefängnisgelände befindet.

In der Schule finden Kurse in kleinen Gruppen statt, in denen die Häftlinge in Mathematik oder Deutsch auf einen Schulabschluss vorbereitet werden. Oder sie belegen berufsvorbereitende Kurse wie Mark W., der neben Mathematik und Deutsch auch Informatik lernt. Er möchte aber gerne später in eine andere Haftanstalt verlegt werden, um dort eine Ausbildung zum Landschaftsgärtner zu machen.

Mittags muss Mark W. zum Essen in seine Zelle zurück. Auch die anderen Häftlinge, die in den Werkstätten und Außenanlagen gearbeitet oder als Hausarbeiter die Büros gereinigt haben, kehren in ihre Zellen zurück. Nach den Hausaufgaben freut sich Mark W. auf die sogenannte Freistunde. Die Gefangenen können sich dann an der frischen Luft auf dem Freistundenhof mit anderen Häftlingen unterhalten. Oder sie spielen Schach, Mühle oder Karten. Nachmittags werden auch Sportkurse in der

Die Zelle von Mark W.

Der Freistundenhof

Halle oder auf dem Sportplatz an-
geboten. Es gibt Fußball, eine Lauf-
gruppe, Volleyball und ein extra
Fitnessstudio. Einige Häftlinge haben
jetzt auch ihre Gesprächstermine mit
Psychologen, Sozialarbeitern oder
manchmal auch mit dem Anstaltsleiter. Wenn sie beispielsweise gegen
Regeln verstoßen haben, ermahnt sie
der Anstaltsleiter und verhängt
manchmal ein Sport- oder Fernseh-
verbot. Gegen 17 Uhr wird das Abendbrot in die Zellen gebracht. Meist ist
es Brot, Butter und etwas Käse oder
Wurst. Um 22 Uhr gibt es den Nacht-
verschluss. Das bedeutet, dass alle
Häftlinge ausnahmslos über Nacht in
ihren Zellen eingeschlossen werden.

So läuft eigentlich jeder Tag nach
dem gleichen Muster ab. Für Mark W.
ist es zwar wichtig, feste Abläufe und
Strukturen zu haben. Gleichzeitig
stört ihn aber, dass er im Gefängnis
so stark fremdbestimmt ist. Ein Beamter legt fest, wann er duschen oder
Sport treiben darf, ob er ein eigenes
Kühlfach in der Küche bekommt oder

ob er sich mal mit seinem Kumpel ein
Schnitzel braten darf. Eigentlich hat
Mark W. zu den anderen Gefangenen
wenig Kontakt, er hält sich etwas
zurück. Aber er hat einen Kumpel, mit
dem er manchmal über seinen kleinen Sohn spricht. »Richtige Freunde
gibt es hier nicht, jeder denkt immer
nur zuerst an seine eigenen Bedürfnisse«, erklärt er.

Mark W. ist einer der wenigen Häftlinge, die keinen Besuch möchten.
Seinen vierjährigen Sohn hat er schon
lange nicht mehr gesehen. Nur einen
kurzen Brief und zwei Fotos erhält er
alle sechs Monate von der Mutter
seines Kindes. Um seinem Sohn aber
später zu zeigen, dass er viel an ihn ge-
dacht hat, schreibt er für ihn jeden Tag
ein bis zwei Seiten in ein Tagebuch,
das er ihm später mal schenken will.

Ein Häftling darf dreimal im Monat
für 45 Minuten angemeldeten Besuch
bekommen. Die Gefangenen und ihr
Besuch sitzen sich in einem großen
Raum an Tischen gegenüber. Ein Vollzugsbeamter hat den ganzen Raum
im Blick. Wenn es einen Verdacht
oder Hinweise auf Fluchtpläne gibt,
darf der Häftling seinen Besuch nur
noch in einem kleinen Raum empfan-
gen, in dem ein Beamter das ganze
Gespräch mithört. Verhält sich ein

Der Gemeinschaftsraum
der Wohngruppe

Häftling besonders gut, indem er beispielsweise in den Gesprächen mit den Psychologen mitarbeitet, kann er auch mal drei Stunden Besuch bekommen. Langzeitbesuch nennen das die Vollzugsbeamten. Der Gefangene darf mit seinem Besuch unbeobachtet in einem Zimmer sein, in dem es auch eine Kochnische und ein Bett gibt.

Jeder Gefangene bekommt monatlich etwas Geld für seine Arbeit. Einen Teil erhält er erst bei der Entlassung, den anderen Teil hat er zur freien Verfügung. Die Häftlinge kaufen hiervon beispielsweise Shampoo, Kaffee, Cola oder Tabak bei einem Verkäufer ein, der zweimal im Monat die bestellten Waren ins Gefängnis bringt. Mark W. leistet sich manchmal einige dieser Kleinigkeiten, um sich das Leben in der Haft etwas erträglicher zu machen.

Möchte ein Gefangener ein Buch haben, kann er es aus der gefängniseigenen Bücherei leihen. Gibt es das Buch hier nicht, muss er es über einen Ver-

sandhandel bestellen. Er kann es sich aber nicht von der Familie schicken oder beim nächsten Besuch mitbringen lassen. Die Gefahr, dass in dem Buch verschlüsselte Botschaften oder Päckchen mit Drogen sind, ist zu groß. Nur Getränke und Süßigkeiten, die der Besucher an einem Automaten im Gefängnis ziehen kann, sind in kleinen Mengen als Geschenk gestattet.

Einige Häftlinge wie Susanne L. dürfen das Gefängnis sogar manchmal verlassen. Bis zu 21 Tagen Hafturlaub kann es geben. Die 47-jährige Mutter von zwei Kindern darf seit einiger Zeit zweimal im Monat zu ihrer Familie nach Hause. Es ist ein großer Vertrauensvorschuss von der Anstaltsleitung, den Susanne L. zu schätzen weiß. Sie ist über dreißig Jahre drogenabhängig gewesen und jetzt zum zweiten Mal wegen Drogenhandel im Gefängnis. Diesmal hat sie eine Strafe von drei Jahren und zwei Monaten bekommen.

Im Gegensatz zu Mark W. bewohnt sie keine Einzelzelle, sondern lebt in der Wohngruppe des Gefängnisses.

Dies ist ein abgetrennter Flur, auf dem sieben Frauen zusammenwohnen. Jede Frau hat ihre eigene Zelle, aber die Tür bleibt bis abends geöffnet, sodass die Frauen jederzeit miteinander sprechen können. Außerdem bestimmen sie selbst, wann sie duschen gehen, haben eine eigene Waschmaschine, eine Küche und sogar einen Gemeinschaftsraum mit Fitnessrad und Aquarium. Es ist auch deutlich zu spüren, dass die Frauen versucht haben, die Räume mit Bildern und Pflanzen etwas gemütlicher zu gestalten.

»Auch wenn sich das alles ganz nett anhört, es ist nicht schön hier und ich bin oft sehr traurig, weil ich meine Familie vermisse«, gesteht Susanne L. »Man ist und bleibt auch in der Wohngruppe fremdbestimmt, und wenn ich zu Hause war, fällt es mir besonders schwer.« Außerdem vermisst Susanne L. ihre persönlichen Sachen. Sie durfte lediglich einige Anziehsachen, etwas Bettzeug, ein paar Fotos und Kosmetikartikel mitbringen. Die Freistunde nutzt sie nur bei schönem Wetter, sonst schaut sie lieber Fernsehen, spielt Tischtennis, liest Bücher aus der Gefängnisbücherei oder nimmt an dem Angebot Seidenmalerei teil. Vormittags geht sie in die Schule und sie hat auch schon

Pläne für die Zukunft: Sie möchte am liebsten in einem heilpädagogischen Kindergarten arbeiten. Aber sie weiß auch, dass das mit ihrer Vorgeschichte kaum möglich sein wird und sie wahrscheinlich eine andere Arbeit annehmen muss.

»Hinter Gittern« bedeutet heute zwar nicht mehr, Tag und Nacht allein in einer Zelle eingesperrt zu sein, aber der Gefängnisalltag wird durch so viele Regeln und Vorschriften bestimmt, dass der Häftling dies auch oft als zusätzliche Belastung zu seiner Haft empfindet.

Normalerweise begegnen sich die männlichen und weiblichen Häftlinge nicht und bewohnen verschiedene Gebäudeteile. Trotzdem haben sie eine Möglichkeit gefunden, sich zu unterhalten. Sie stellen sich ans Fenster und schicken sich gegenseitig mit einer Taschenlampe kurze Nachrichten – ähnlich wie beim Morsealphabet. Diese Art, sich Botschaften zu schicken, wird von den Häftlingen »Lichtfax« oder »Taschenlampenchat« genannt.

Deutsches
Zentrum für
Luft- und
Raumfahrt

Wie werden Satelliten Befehle gegeben?

Mittlerweile herrscht ziemlich viel Verkehr im Weltall. Denn viele Fernseher, Radios, Computer, Smartphones und Navigationsgeräte bekommen ihre Informationen über Satelliten. Unbemannte Fernsehsatelliten, Wettersatelliten, Navigationssatelliten und Erdbeobachtungssatelliten umkreisen unsere Erde genauso wie die Internationale Raumstation, die als bemanntes Raumschiff unterwegs ist. Im Raumfahrtkontrollzentrum des Deutschen Zentrums für Luft- und Raumfahrt haben wir an die Tür des Kontrollraums K1 geklopft und wollten wissen, wie Satelliten ihre Befehle erhalten.

Das Raumfahrtkontrollzentrum Oberpfaffenhofen liegt in der Nähe von München. Es besteht aus insgesamt elf Kontrollräumen, von denen verschiedene Weltraummissionen gesteuert und Tests durchgeführt werden. Schon lange vor Missions-

beginn, manchmal zwei Jahre vor dem Start eines Satelliten, beginnen die Experten mit den Vorbereitungen und richten die ersten Geräte im Kontrollraum des Zentrums ein.

TerraSAR und TanDEM

So war das auch bei den beiden Erdbeobachtungssatelliten TerraSAR und TanDEM, die 2007 und 2010 zu ihren Missionen gestartet sind. Sie werden vom Kontrollraum K1 aus überwacht. Wir können zwar nicht direkt in den Kontrollraum, da das streng verboten ist, aber Dr. Florian Sellmaier kommt extra für uns aus dem K1 und nimmt uns zur Beobachtungsbrücke mit. Durch eine riesige Scheibe blicken wir auf die großen Monitore an den Wänden und sehen zu, wie TerraSAR und TanDEM von den Ingenieuren Befehle bekommen.

Die beiden Erdbeobachtungssatelliten TerraSAR und TanDEM auf ihrem Flug um die Erde

Die beiden Satelliten sollen auf der gesamten Erdoberfläche die Höhenunterschiede messen. Hierfür fliegen sie eng nebeneinanderher, führen Messungen durch und machen etliche Bilder. Und während der ganzen Zeit sausen sie mit 28 000 km/h durchs All. Aus ihren Daten werden später 3-D-Bilder der Erdoberfläche erstellt. Diese Bilder können beispielsweise nach einem Erdbeben eingesetzt

werden, wenn man genau wissen möchte, wie stark sich die Landschaft durch das Beben verändert hat.

Der Satellitenstart

Aber fangen wir mal beim Start der Satelliten an. Als 2010 die Vorbereitungen für den Satellitenstart von TanDEM abgeschlossen waren, nah-

men die Ingenieure in Oberpfaffenhofen Kontakt zu den Experten des
Weltraumbahnhofs Baikonur in
Kasachstan auf. Übrigens: Alle Gespräche finden entweder in Englisch
oder Russisch statt. In Baikonur stand
die Trägerrakete, die die TanDEM ins
All brachte. Nachdem die Rakete die
Umlaufbahn des Satelliten erreicht
hatte, trennte sie sich von ihm und
der Satellit begann Signale zu senden.
In der Kommandozentrale des
Kontrollzentrums Oberpfaffenhofen
verfolgten die Mitarbeiter den Rake-
tenstart sehr genau auf ihren Bildschirmen. Der Augenblick, nachdem
sich der Satellit und die Rakete trenn-
ten, war der spannendste Moment
für die Experten am Boden. Unge-
duldig warteten sie auf die ersten
Signale und sandten sofort Kommandos hoch, um den ersten wichtigen
Kontakt, den first contact, herzu-
stellen. Diese Kommandos bestehen
aber nicht aus Worten, sondern aus
endlosen Zahlenreihen, die die Ingenieure über den Computer zum Satelliten hochschicken. Ab jetzt haben die
Mitarbeiter des Kontrollzentrums die
ganze Verantwortung für den Satelliten und in der ersten Zeit müssen sie
den Satelliten besonders genau überwachen, alle eingehenden Daten
überprüfen und immer wieder seine
Umlaufbahn kontrollieren.

An den Wänden des Kontrollraums
hängen riesige Monitore, die zeigen,
wo sich der Satellit gerade auf seiner
Umlaufbahn befindet. Davor sitzen
Ingenieure an halbrunden Schreibtischen mit Bildschirmen und Steuer-
konsolen und verfolgen aufmerksam
endlose Zahlenkolonnen und Tabellen.
Das ganze Team der Flugbetriebsinge-
nieure arbeitet bei der Überwachung
des Satelliten eng zusammen. Über
den Konsolen ihrer Tische leuchten
kleine Tafeln mit Leuchtbuchstaben,
die ihre Funktion anzeigen. »CMD« ist
zum Beispiel der Command Operator, der als Einziger die Kommandos
zum Satelliten hochschickt. Die Entscheidung über das Kommando trifft
letztendlich der Flugdirektor, der mit

Das Satellitenkontrollzentrum im DLR Oberpfaffenhofen

den Ingenieuren zusammen im Kontrollraum sitzt. Von ihnen erhält er alle nötigen Informationen – beispielsweise über die genaue Bahn und Lage von TanDEM.

Das Steuern der Satelliten

Wenn einer der Ingenieure feststellt, dass die Lage des Satelliten korrigiert oder berichtigt werden muss, leitet er diese Information an den Flugdirektor weiter. Der Flugdirektor gibt dann ein Kommando an den CMD, und kurz danach rattern die Zahlenkolonnen über den Bildschirm zum Satelliten. Dadurch verstellt sein Steuerungssystem bestimmte Düsen und die Lage des Satelliten ändert sich. Soll die Umlaufbahn korrigiert werden, gibt der Flugdirektor ein Kommando, das die Triebwerke aktiviert und mit dem richtigen Schub für eine Kursberichtigung des Satelliten sorgt. Solche Korrekturen kommen bei allen Satelliten, also auch bei TerraSAR und TanDEM ungefähr zweimal pro Woche vor.

Die meisten Satelliten haben eine Lebensdauer von fünfzehn Jahren. Dann werden sie oft auf eine höhere Umlaufbahn gebracht und abgeschaltet. Treffenderweise wird die Umlaufbahn als Satellitenfriedhof bezeichnet. Wenn die Mission von TanDEM eines Tages beendet ist, wird er aber den Befehl zu einem kontrollierten Absturz erhalten. Auf dem Weg durch die Atmosphäre wird ein Teil von ihm verglühen und der andere Teil landet im Meer.

Das Kontrollzentrum in Oberpfaffenhofen betreut auch einen bestimmten Teil der Internationalen Raumstation, der ISS. Sie ist das größte Objekt, das je ins All befördert wurde. Mit einer Geschwindigkeit von 28 000 km/h fliegt sie in rund 350 km Höhe um die Erde und umrundet sie ungefähr alle 90 Minuten. Zur Raumstation gehört auch ein europäisches Forschungslabor. Es heißt Columbus und wird vom Kontrollzentrum aus ferngesteuert. Viele Experimente und die gesamten technischen Systeme des Labors überwachen die Wissenschaftler über Messgeräte und Kameras von der Erde aus und unterstützen die Astronauten bei ihrer Arbeit im All. Zu den Untersuchungen gehören zum Beispiel Experimente, die das Verhalten von Flüssigkeiten in der Schwerelosigkeit erforschen.

Kloster Plankstetten

Wie leben Mönche in einem Kloster?

Um herauszufinden, wie der ganz normale Klosteralltag aussieht, haben wir das Benediktinerkloster Plankstetten besucht. Es thront etwas erhöht an einem Hang über dem wunderschönen Altmühltal. Von Weitem fielen uns schon die beiden massiven Kirchtürme auf. Vom Klostervorplatz gingen wir durch einen barocken Torbogen mit einem schweren, grauen Holztor in das Kloster. Als das Tor hinter uns ins Schloss fiel, war es plötzlich erstaunlich ruhig. Wir standen im Innenhof des Klosters, wo uns Frater Andreas bereits erwartete. Mit ihm durften wir hinter einige sonst verschlossene Türen blicken und haben auch erfahren, ob die Mönche ein Handy oder einen Computer besitzen, ob sie gerne mal im Internet surfen und zwischendurch auch mal Urlaub machen.

Es gibt ungefähr 5000 Mönche in Deutschland. Einige haben sich als Einsiedler komplett in die Einsamkeit zurückgezogen, aber die meisten Mönche leben in einem Kloster. Im Kloster Plankstetten treffen wir auf Benediktinermönche. Der Benediktinerorden ist einer der ältesten Orden und seine Mönche leben nach dem Grundsatz »ora et labora et lege«. Das ist lateinisch und bedeutet »Bete und arbeite und lies«. Der Orden wurde um 529 von Benedikt von Nursia gegründet und die Mönche halten sich noch heute an seine Regeln. Für sie ist es wichtig, enthaltsam, also keusch, genügsam und bescheiden zu leben und für immer in der Beständigkeit der Gemeinschaft zu bleiben. Das bedeutet, dass ein Benediktinermönch das Kloster nach seinem Eintritt nicht mehr wechselt, sondern für immer dort wohnt. Außerdem ist der Mönch seinem Abt gegenüber zum Gehorsam verpflichtet. Der Abt wird von den Mönchen des Klosters für jeweils zwölf Jahre bestimmt und ist das Oberhaupt der Gemeinschaft.

Die Konventglocke

Im Kloster Plankstetten leben heute 18 Mönche. Sie bilden die Bruderschaft, so heißt die Gemeinschaft der Mönche. Einige Mönche haben die Priesterweihe und heißen deshalb Pater (Vater), die Mönche ohne Priesterweihe werden Frater (Bruder) genannt. Pater Benedikt Schwenzl ist mit 89 Jahren der älteste Mönch und schon seit über 60 Jahren in diesem Kloster. Frater Lucas Pelka ist seit 2009 in Plankstetten und mit 22 Jahren der jüngste Mönch. Die Dauer der Ordensangehörigkeit ist für die Benediktiner wichtiger als ihr Alter, denn sie legt die Reihenfolge fest, in der sie in die Kirche oder durchs Kloster gehen und bestimmt auch den Platz in der Kirche oder am Tisch beim gemeinsamen Essen.

Aber wie sieht er denn nun aus, der Alltag eines Mönchs?

4.40: Frater Andreas wird von einem hellen Glockenschlag geweckt, der auf dem ganzen Klostergelände zu hören ist. Er stammt von einer kleinen, schlichten Glocke, der Konventglocke. Diese Glocke ruft die Mönche mehrmals am Tag zum Gebet in die Kirche. Sie hängt in der Klausur, ei-

nem besonderen, verschlossenen Bereich des Klosters, den nur die Mönche betreten dürfen. Hier hat jeder Mönch ein kleines, einfaches Zimmer, das Klosterzelle genannt wird und sehr einfach eingerichtet ist. Hinter einer schlichten, weißen Holztür mit Namensschild stehen ein Schrank, ein Bett, eine Lampe, ein Schreibtisch und ein Stuhl, viel mehr gibt es in einer Klosterzelle nicht. Natürlich hat jeder Mönch auch noch ein paar persönliche Sachen, wie Bücher, in seiner Zelle. Für die Mönche ist dieser kleine Raum absolut privat, das bedeutet: Kein anderer darf hier hinein, auch keine anderen Mönche.

Nach dem Aufstehen zieht Frater Andreas sein Mönchsgewand an. Es wird auch Habit oder Kutte genannt. »Habit« leitet sich vom lateinischen Wort für »wohnen« ab. Da Mönche ihren Habit jeden Tag anhaben, passt der Begriff »in der Kleidung wohnen« besonders gut. Unter dem Habit trägt Frater Andreas eine Jeans und

einen Pullover oder ein Hemd. Und wenn es im Sommer richtig warm ist, zieht er unter der Kutte einfach eine kurze Hose an.

5.00: Als wir die schwere Holztür zur Klosterkirche öffnen, hören wir die Mönche singen. Leise gehen wir zu dem verzierten Eisengitter, das das Hauptschiff vom Eingang abtrennt. Jetzt können wir die Mönche auch hinter dem Altar im Chorgestühl sehen. Jeden Morgen versammeln sie sich hier zum ersten Stundengebet, das Vigil genannt wird.

6.25: Nach dem Frühstück findet die Laudes, das Morgengebet, statt und

anschließend feiern die Mönche in der Kirche den Gottesdienst, zu dem auch viele Dorfbewohner kommen.

8.00: Der Arbeitstag der Mönche beginnt. Frater Andreas ist als Cellerar für die wirtschaftlichen Belange des Klosters zuständig. In seinem Büro prüft er Baupläne oder verhandelt mit Geschäftspartnern. Er führt Mitarbeitergespräche, gibt die Bestellungen für die Küche ab und nimmt Zimmerbuchungen für das Gästehaus entgegen, wenn sich Urlauber für einige Tage in die Ruhe des Klosters zurückziehen möchten. Andere Mönche arbeiten als Seelsorger, in der Verwaltung, in der Bibliothek, im Buchladen oder in einem der verschiedenen klostereigenen Betriebe. Auf das Klostergut Staudenhof mit vielen Getreidefeldern, Schweinen und Kühen sind die Mönche besonders stolz, da sie ihre Landwirtschaft schon 1994

Die Mönche verlassen nach der Vigil die Kirche.

auf organisch-biologische Wirtschaftsweise umgestellt haben. Am Anfang wurden sie teilweise als »Ökokloster« belächelt, mittlerweile werden sie als Vorbild gesehen. Frater Andreas erklärt uns, dass der ökologische Anbau für die Mönche ganz selbstverständlich ist, da sie im Einklang mit der Schöpfung leben möchten. Deshalb wird auch in der Imkerei und der Gärtnerei ökologisch verträglich gearbeitet. Die Erzeugnisse werden dann zum Beispiel in der Klosterbäckerei, der Metzgerei oder der Brennerei weiterverarbeitet und im Hofladen verkauft.

12.00: Die Konventglocke ruft zum Mittagsgebet, der Mittagshore. Beim Mittagessen sitzen die Mönche schweigend am Tisch und hören dem Tischleser zu. Er liest seinen Mitbrüdern aus religiösen oder philosophischen Büchern vor. Es gibt meistens Gemüse, Kartoffeln und Fleisch vom eigenen Hof, frisch in der Klosterküche zubereitet. Nachdem Abt Beda sein Besteck in die Hand genommen hat, dürfen auch die anderen Mönche mit dem Essen beginnen. Und wenn alle mit ihrem Mahl fertig sind, gibt der Abt mit einer kleinen Glocke ein Klingelzeichen. Erst dann ist das Essen beendet und die Mönche dürfen aufstehen. Bevor sie am Nachmittag wieder ganz normal ihrer Arbeit nachgehen, haben sie eine Stunde Freizeit, in der sie Zeitung lesen, Sport treiben oder mit einem Mitbruder reden. Frater Andreas geht nach dem Mittagessen besonders gern im Klostergarten spazieren.

17.30: Die Konventglocke ruft alle Mönche zur Vesper, zum Abendgebet.

Der Speisesaal der Mönche

Dann wird Abendbrot gegessen und anschließend treffen sich alle ein letztes Mal zur Komplet, dem Nachtgebet. Nach diesem Gebet beginnt für die Mönche die Schweigepflicht, die bis zum nächsten Morgen um fünf Uhr dauert. Für viele Mönche, auch für Frater Andreas, ist dies die schönste Zeit am Tag. Er genießt die Stille und zieht sich zum Beten, Meditieren oder Lesen in seine Mönchszelle zurück. Tagsüber hat Frater Andreas durch seine Arbeit zu so vielen Menschen Kontakt, dass er die nächtliche Schweigepflicht gern nutzt, um sich auf das Mönchsein zu besinnen.

Der Tagesablauf ist im Kloster eigentlich immer gleich und wird durch die Gebete in verschiedene Abschnitte unterteilt. Aber es gibt auch Ausnahmen, beispielsweise an Feiertagen. Frater Andreas freut sich besonders auf die Osternacht. Gegen halb zwölf, also mitten in der Nacht, wird in der Klosterkirche ein feierlicher Gottesdienst abgehalten. Danach gibt es für alle Mönche in der Kirche ein gemeinsames Mahl, das aus geweihtem Schinken, Brot und geweihten, gefärbten Ostereiern besteht.

Obwohl die Mönche ein zurückgezogenes und einfaches Leben führen, sind ihnen technische Neuheiten nicht unbekannt. Frater Andreas und einige andere Mönche im Kloster Plankstetten benutzen für ihre Arbeit ein Handy oder einen Computer. »Wir plaudern oder chatten allerdings nicht stundenlang mit unseren Freunden, Eltern oder Geschwistern. Aber ab und zu schreibe ich auch eine persönliche E-Mail an Freunde, die ich vom Studium kenne«, erklärt Frater Andreas. »Und manchmal besuchen sie mich auch hier im Kloster. Auch unsere Eltern oder Geschwister sehen wir eigentlich nur, wenn sie zu Besuch ins Kloster kommen oder während des Urlaubs.« Ja, ihr habt richtig gelesen, während des Urlaubs. Auch ein Mönch hat 21 Tage im Jahr frei. Frater Andreas besucht dann andere Klöster oder geht in den Bergen wandern. Wenn der Abt einverstanden ist, können die Mönche auch einmal ins Ausland reisen, beispielsweise nach Israel oder Rom.

Wie wird man Mönch?

Als Frater Andreas Mönch werden wollte, konnte er nicht einfach seine Sachen packen und von heute auf morgen ins Kloster ziehen. Wie jeder Mönch musste er zunächst einen langen Weg in vier Stufen gehen. »Ich hatte schon zwischen 16 und 21 Jahren häufiger den Wunsch, mein Leben im Kloster zu verbringen und Gott nah zu sein. Deswegen prüfte ich immer wieder, ob ich auch den Mut dazu hätte. Ich ging zuerst nur für eine kurze Zeit ins Kloster. ›Kloster auf Zeit‹ nennt man das und ich war damals in den Klöstern von Münsterschwarzach und Scheyern, bevor ich ins Kloster Plankstetten kam. Zweifel bekommt man immer mal wieder«, erklärt Frater Andreas. »Dann spreche ich mit einem Mitbruder oder einem anderen Geistlichen darüber.«

Die erste Stufe auf dem Weg zum Mönchsein heißt Postulat. Für sechs Monate zog Frater Andreas in eine Mönchszelle in der Klausur und lebte, betete und arbeitete mit den anderen Mönchen zusammen.

Die zweite Stufe ist das einjährige Noviziat. Frater Andreas legte seine Kleidung ab und trug jeden Tag seinen Habit. Er lernte die unterschiedlichen Gebete, die Gestaltung des Gottesdiensts und verschiedene Meditationen kennen. Diese geistlichen Übungen sollen den Mönchen helfen, sich auf Gott zu besinnen. Während dieser Zeit prüfen auch alle anderen Mönche des Klosters, ob sie sich vorstellen können, den Novizen in ihre Gemeinschaft aufzunehmen.

Als Frater Andreas am Ende seines Jahrs als Novize fest entschlossen war, Mönch zu werden, bat er darum, die klösterlichen Gelübde für drei Jahre ablegen zu dürfen. Damit begann die Zeit, die Triennium genannt wird. Er lernte die verschiedenen Arbeitsbereiche der Mönche kennen und studierte Betriebswirtschaft in München. In der letzten Stufe, der feierlichen Profess, entschied sich Frater Andreas, für immer im Kloster Plankstetten zu bleiben, und übernahm alle Rechte und Pflichten eines Mönchs.

Ein Mönch bleibt bis zu seinem Tode ein vollwertiges Mitglied der Klostergemeinschaft. Solange er kann, arbeitet er für die Gemeinschaft. Der fast neunzigjährige Pater Benedikt Schwenzl macht beispielsweise immer noch spannende Führungen durch das Kloster. Wenn die Arbeit für einen Mönch zu schwer wird, geht er in den Ruhestand und übernimmt einfachere Tätigkeiten wie Post austragen oder den Tisch zu decken.

Auch nach ihrem Tod müssen die Mönche in Plankstetten ihr Kloster nicht verlassen, denn sie werden in der Krypta, einem verborgenen Gewölbe unter der Kirche, beerdigt. Das gibt es in anderen Klöstern nur noch sehr selten. Die Benediktinermönche von

Plankstetten werden in Särgen bestattet, die in die Wände der Gruft eingelassen werden. Vor jedem Sarg ist eine helle Steinplatte angebracht, auf die der Name des Mönchs und ein für ihn typischer Spruch gemeißelt sind.

Abt Beda mit einem alten Atlas

Abt Beda Maria Sonnenberg öffnete eine besondere Tür für uns. Er ist der Bibliothekar des Klosters und verwaltet über 60 000 Bücher in seiner Bibliothek. Einige Bücher sind schon mehrere Jahrhunderte alt. Die wertvollsten Bücher, die es vielleicht nur einmal auf der Welt gibt, bewahrt Abt Beda allerdings hinter einer Tür auf, die weder den Besuchern noch seinen Mitbrüdern zugänglich ist. Es ist eine dicke, schwere Tresortür, hinter der diese Schätze verschlossen werden. Die meisten Bücher haben vergilbte Seiten, sind in Leder eingebunden und haben wunderschöne, von Hand gezeichnete Bilder. Das älteste Buch stammt aus dem Jahr 1442 und ist über 550 Jahre alt.

Südtiroler Archäologie-museum

Aufgrund der Forschungsergebnisse konnte die Gestalt von Ötzi nachgebildet werden.

Was konnten Forscher über Ötzi, den Eismann, herausfinden?

Am Fuße der Dolomiten, in Bozen, liegt das Südtiroler Archäologiemuseum. Hier dürfen wir hinter eine ganz besondere Tür gucken. Diese Tür ist ziemlich dick und aus poliertem Edelstahl. Sie fühlt sich glatt und kühl an. Kein Wunder, denn sie führt zu einer Kühlzelle, in der die Mumie von Eismann Ötzi aufbewahrt wird. Vielleicht habt ihr schon mal von dem Mann aus dem Eis gehört? Zum Beispiel, dass er über 5000 Jahre alt ist und aus der Steinzeit stammt? Aber was weiß man noch über ihn? Wissenschaftler aus den unterschiedlichsten Bereichen verfolgen verschiedene Spuren und versuchen – fast wie in einem Krimi –, die Geheimnisse um Ötzi zu lösen. Wir haben vor Ort nachgefragt, was die Forscher heute schon alles über ihn wissen.

Alles fing 1991 an, als ein deutsches Ehepaar bei einer Wanderung in den Ötztaler Alpen eine Leiche im Eis entdeckte. Kurz darauf wurde der Körper von Ötzi geborgen, zusammen mit verschiedenen Leder- und Fellresten, Riemen, Schnüren und einem Dolch mit Holzgriff und Feuersteinklinge. Durch diese Funde wurde klar, dass die tiefgekühlte Mumie aus der Steinzeit stammen musste. Der Eismann, seine Haut, die Knochen und Organe, war erstaunlich gut erhalten. Nach seinem Tod musste Ötzi wohl in eine Felsmulde gefallen und mit meterhohem Schnee zugedeckt worden sein. Der Schnee bildete dann eine Schutzschicht über dem Körper, sodass die Leiche weder von Tieren gefressen noch verwesen konnte. Später wurde der Körper dann im Gletschereis eingefroren und überdauerte so ziemlich unbeschädigt mehrere Tausend Jahre. Als Ötzi 1998 ins Archäologische Museum nach Bozen kam, musste für seine Aufbewahrung zuerst ein eige-

nes Kühlverfahren entwickelt werden. Sonst wäre der Eismann schnell aufgetaut und verwest. In der Kühlzelle ahmten die Experten die Gletscherbedingungen nach. Von außen ist sie, wie die Zellentür, komplett in Edelstahl gehüllt und die inneren Zellenwände sind mit Fliesen aus Eis verkleidet. Nur so können in dem Raum konstant eine Temperatur von minus 6 Grad und eine Luftfeuchtigkeit von 98 % gehalten werden. Ein ausgeklügeltes automatisches Gefriersystem mit vielen Sensoren kontrolliert Werte wie Luftdruck, Temperatur, Feuchtigkeit, Luftzusammensetzung und Körpergewicht ständig. Um ein langsames Austrocknen des Eismanns zu verhindern, wird Ötzi regelmäßig mit Wasser besprüht, das auf seiner Haut einen Eisfilm bildet.

Wissenschaftler konnten mit ausgetüftelten Methoden belegen, dass Ötzi in der Steinzeit zwischen 3350 und 3100 Jahren vor Christus gelebt hat. Damit ist seine Mumie über 5300 Jahre alt und eine der ältesten natürlichen Mumien überhaupt.

Was ist eine Mumie? Das Wort »Mumie« leitet sich vom arabischen Wort »Mumia« ab und bedeutet schwarzes Erdpech. Da einige der einbalsamierten Leichen, die man in ägyptischen Pyramiden gefunden hatte, durch die Öle und Salben schwarz wie dieses Erdpech waren, nannte man sie Mumien. Einbalsamierte Leichen sind künstliche Mumien, da sie von Menschenhand hergestellt werden. Natürliche Mumien, wie der Ötzi, entstehen durch außergewöhnliche klimatische Bedingungen, unter denen ein toter Körper über Jahrhunderte oder Jahrtausende nicht verwest. Dies kann beispielsweise auch im Sand oder Moor vorkommen.

Aber wie fand man das Alter von Ötzi heraus?

Wissenschaftler des Südtiroler Archäologiemuseums und der Europäischen Akademie Bozen wandten dafür eine ganz spezielle Methode an. Professor Albert Zink, der Leiter des Projekts, erklärt uns, wie die sogenannte Radiocarbonmethode das hohe Alter von Ötzi eindeutig bestätigt hat. Diese Methode beruht darauf, dass alle Lebewesen über ihre Nahrung und ihre Atmung Stoffe aus der Umwelt aufnehmen und wieder abgeben. Auch Kohlenstoff, der in der Natur in drei leicht unterschiedlichen Formen vorkommt. Eine der Kohlenstoffarten ist radioaktiv und zerfällt nach einer bestimmten Zeit. Auch im menschlichen Körper. Und das ist der Trick: Wenn ein Lebewesen stirbt, kann es keinen weiteren Kohlenstoff mehr aufnehmen. Und während die Menge von zwei Formen unverändert groß bleibt, zerfällt die radioaktive Form nach und nach ganz langsam. Das bedeutet, je länger der Tod zurückliegt, umso geringer ist die Menge des radioaktiven Kohlenstoffs, die dann gemessen werden kann. Bei Ötzi ergab sich aus der Messung, dass er zwischen 3350 und 3100 v. Chr. gelebt hat.

Ötzi eine Pfeilspitze aus Feuerstein. Sechs Jahre später konnten Bozner und Züricher Forscher mit dreidimensionalen Bildern eines Computertomografen nachweisen, dass die Pfeilspitze die Schlüsselbeinader verletzt hatte und Ötzi verblutete, nachdem er von hinten mit einem Pfeil getroffen wurde. So wurde Ötzis Todesursache festgestellt: Er wurde ermordet. Außerdem entnahmen die Forscher auch verschiedene Gewebeproben aus dem Körper von Ötzi und schickten sie an Experten in der ganzen Welt. Auf diese Weise konnte das Rätsel um den Eismenschen Ötzi immer weiter gelöst werden.

Während ihrer Forschungsarbeit fanden die Wissenschaftler auch viele andere Dinge mit modernsten Untersuchungsmethoden an der 5000 Jahre alten Mumie heraus. Der Radiologe Paul Gostner entdeckte 2001 auf einem Röntgenbild in der linken Schulter von

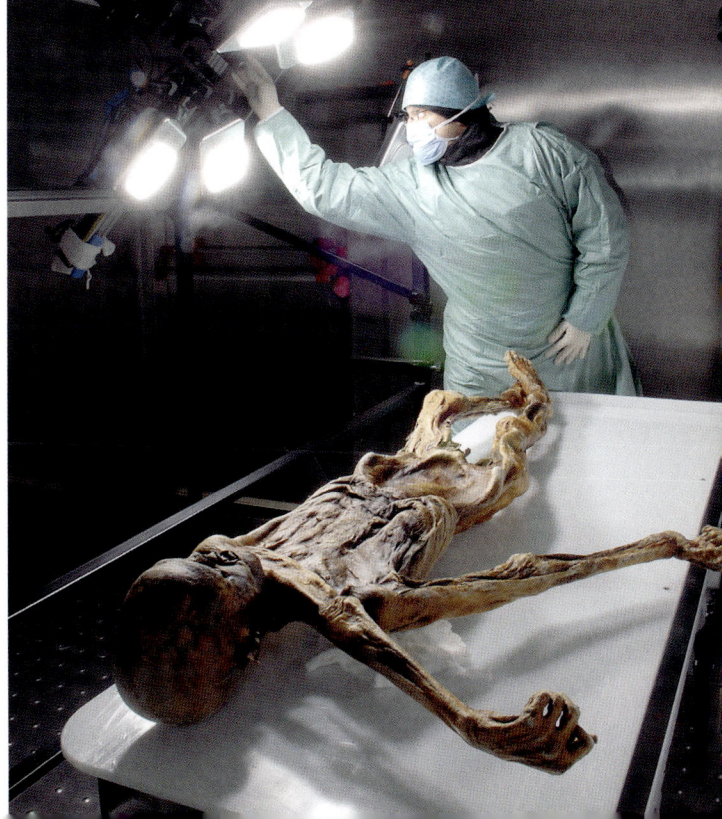

Ötzi wird von einem Wissenschaftler untersucht.

Durch das Fenster können die Museumsbesucher Ötzi in seiner Kühlzelle betrachten.

Heute weiß man, dass Ötzi ungefähr 45 Jahre alt und 1,60 Meter groß war, Schuhgröße 38 hatte und an die 50 Kilogramm wog. Um seine Gesundheit war es nicht so gut bestellt, denn seine Blutgefäße waren verkalkt, die Gelenke verschlissen und die Zähne abgenutzt mit einer ausgeprägten Karies. Außerdem litt der Ötzi unter Peitschenwürmern. Das haben Biologen herausgefunden, die Eier der Würmer im Darm von Ötzi entdeckt haben. Auch die Pollen von einer Hopfenbuche, die in Ötzis Darm gefunden wurden, haben die Forscher bei ihren Untersuchungen weitergebracht. Da Hopfenbuchen nur im Frühsommer blühen, muss Ötzi zu dieser Jahreszeit gestorben sein.

Über seine Lebensweise und seine Kleidung haben die Wissenschaftler ebenfalls eine Menge in Erfahrung gebracht. Er hat sich von Fleisch, Getreide und verschiedenen Pflanzen wie Wildäpfeln und Pilzen ernährt. Die Wissenschaftler fanden auch kleine Kohlestückchen in seinem Darm, die verraten, dass Ötzi über offenem Feuer gekocht hat. Für seinen Gang ins Gebirge war der Eismann gut gerüstet und warm angezogen. Er hatte einen Grasmantel als Überwurf, trug darunter einen Fellmantel und einen Lendenschurz aus Ziegenleder und zwei Beinröhren, die wie eine Art Leggings die Ober- und Unterschenkel bedeckten. Seine Schuhe bestanden aus einem Innen- und einem Außenschuh. Innen waren sie mit Gras und Heu ausgestopft, außen bestanden sie aus Hirschleder und hatten eine Sohle aus Bärenleder. Auf dem Kopf trug er eine Mütze aus Bärenfell.

Zu seiner Ausrüstung gehörten ein Beil mit Kupferklinge, ein Dolch und ein großer Bogen mit Pfeilen. In seiner Gürteltasche bewahrte er einen Feuerschwamm auf. Zum Erstaunen der Forscher hatte Ötzi wohl auch ein kleines Erste-Hilfe-Set mit einem Pilz dabei, einem Birkenporling, der eine Bakterien abtötende Wirkung hat. Ein Nähset aus Knochenahle, Lindenbast, Lederschnüren und Tiersehnen gehörte ebenfalls zu seiner Ausrüstung.

Auch 20 Jahre nach seinem Fund sind die wissenschaftlichen Untersuchungen noch nicht abgeschlossen und laut Prof. Zink weiß niemand so genau, wie viele Forschungsteams sich auf der ganzen Welt schon mit dem Eismann Ötzi beschäftigt haben. Das neuste Projekt der Wissenschaftler ist die Entschlüsselung von Ötzis Erbsubstanz. Hierzu haben Prof. Dr. Albert Zink und Dr. Pusch mit einer feinen Knochenstanze etwas Knochensubstanz aus dem Beckenknochen von Ötzi entnommen und mit hochmodernster Technik fast das ganze Erbgut entschlüsselt. Die Forscher haben kürzlich schon mal ein Ergebnis ihrer aktuellen Forschung verraten: Ötzi hatte braune Augen. Die anderen Ergebnisse wollen sie bis zu ihrer wissenschaftlichen Veröffentlichung noch geheim halten, sie glauben, dass die Entschlüsselung von Ötzis Erbmaterial dazu beitragen kann, Krankheiten besser zu verstehen und vielleicht sogar Anregungen für Heilungsverfahren zu geben. Wie es scheint, kann uns der 5000 Jahre alte Eismann Ötzi also noch wichtige Hinweise für unsere Zukunft liefern. Wenn ihr also mal die Gelegenheit habt, im Archäologiemuseum in Bozen in die Kühlzelle von Ötzi zu schauen, solltet ihr euch das auf keinen Fall entgehen lassen.

Prof. Zink findet es erstaunlich, dass es immer wieder neue Erkenntnisse in der Forschung um Ötzi gibt, obwohl der Mann aus dem Eis schon seit 20 Jahren erforscht wird. Erst vor zwei Jahren hat Dr. Gostner den prall gefüllten Magen von Ötzi entdeckt. Jetzt versuchen die Wissenschaftler, den Inhalt zu untersuchen, und glauben, dass er viel Getreide und Steinbockfleisch gegessen hat. Prof. Zink verriet, dass die Mordgeschichte um Ötzi und die stückchenweise Aufklärung der Todesursache für ihn persönlich am spannendsten waren. Zuerst wurde die Pfeilspitze entdeckt und erst Jahre danach wurde klar, dass sie eine Ader tödlich verletzt hatte.

Die Edelstahltür zum Hochsicherheitslabor mit den beiden gelben Warnzeichen für Biogefahrenstoffe

S4-Genlabor

Bernhard-Nocht-Institut für Tropenmedizin

Was passiert hinter den Türen eines Hochsicherheitslabors?

In den Laboren des Hamburger Bernhard-Nocht-Instituts für Tropenmedizin werden seit über 100 Jahren Tropenkrankheiten erforscht. Früher wurden die meisten Krankheiten von Seefahrern mitgebracht, heute werden sie oft durch Touristen oder im Ausland arbeitende Menschen eingeschleppt. Einige der Krankheiten sind erst seit wenigen Jahren bekannt und sehr gefährlich. Mit den besonders gefährlichen Krankheitserregern dürfen die Wissenschaftler nur unter speziellen Bedingungen arbeiten. Sie müssen Schutzkleidung tragen und dürfen ihre Versuche nur in einem Labor mit der höchstmöglichen Sicherheitsstufe (S4) durchführen. Wir wollten wissen, was das bedeutet und wie die Forschung in einer der sichersten Laboranlagen der Welt aussieht. Deswegen haben wir uns das sogenannte S4-Labor im Bernhard-Nocht-Institut mal ganz genau angeschaut.

Als das Bernhard-Nocht-Institut vor mehr als 100 Jahren von dem Hafenarzt Bernhard Nocht gegründet wurde, beschäftigten sich seine Ärzte und Wissenschaftler zunächst überwiegend mit Wurmerkrankungen und Krankheiten wie dem Sumpffieber Malaria (siehe Seite 162 ff.). Vor ungefähr 60 Jahren begannen einige seiner Wissenschaftler, auch Viruserkrankungen zu erforschen. Das sind Krankheiten, die durch Viren ausgelöst werden.

Viren sind winzige, ansteckende Partikel, die sich nicht alleine vermehren können. Sie fressen und wachsen auch nicht. Aber sie dringen in andere Zellen ein. Das sind die kleinen Bausteine, aus denen Pflanzen, Tiere und Menschen bestehen. Wenn ein Virus in eine Zelle eingedrungen ist, übernimmt es die Kontrolle und benutzt die Zelle für seine eigene Vermeh-

Vorsichtig wird die Viruslösung in winzigen Mengen in die Probengefäße gegeben.

rung. Das Virus ändert den Bauplan der Zelle so, dass anstelle von normalen Zellen neue Viren entstehen. Viren sind nicht zwangsläufig gefährlich, sicher hast du auch schon mal einen Schnupfen gehabt, der durch ein harmloses Virus ausgelöst wurde. Auch Kinderkrankheiten wie Masern und Windpocken werden durch Viren übertragen. Gegen diese Viren kann man sich mit einer Impfung schützen.

Es gibt aber auch sehr gefährliche Viren, gegen die es weder Medikamente noch eine Impfung gibt. Oft stammen diese Viren aus den Tropen und die meisten Menschen überleben eine Ansteckung nicht. Zu den weltweit gefährlichsten Viren gehören das Ebolavirus und das Lassavirus. Das Ebolavirus löst hohes Fieber und innere Blutungen aus und verbreitet sich außergewöhnlich schnell. Das

Lassafieber verläuft oft tödlich und stammt ursprünglich aus Westafrika. Normalerweise kommen beide Viren in Deutschland nicht vor, außer in einem ganz besonderen Forschungslabor, dem S4-Labor des Bernhard-Nocht-Instituts für Tropenmedizin. Hier erforschen Virologen die gefährlichen Viren. Sie schauen sich die winzigen Erreger unter dem Elektronenmikroskop an und versuchen, dem Zusammenspiel zwischen Wirtszelle und Virus auf die Spur zu kommen.

S4-Labore unterliegen den strengsten Sicherheitsbestimmungen, die es gibt. In Deutschland sind es lediglich drei Labore, die diese Voraussetzungen erfüllen. Mit diesen Sicherheitsvorkehrungen sollen die Wissenschaftler und die Bevölkerung vor den Krankheitserregern geschützt werden.

Das Hamburger S4-Labor besteht aus zwei Arbeitsräumen, zwei dazugehörigen Lagerräumen und einem Raum für Tierversuche. Nur Wissenschaftler mit einer besonderen Erlaubnis und einer Spezialausbildung haben Zugang zu den Laborräumen.

Zuerst müssen sie sich aber umziehen und eine Art Krankenpflegerkleidung sowie aufblasbare Ganzkörperschutzanzüge mit Gummistiefeln und Handschuhen anziehen. Selbst der Kopf ist von einer Art durchsichtiger Haube bedeckt, sodass die Forscher nicht mit der Umgebungsluft im Labor in Berührung kommen.

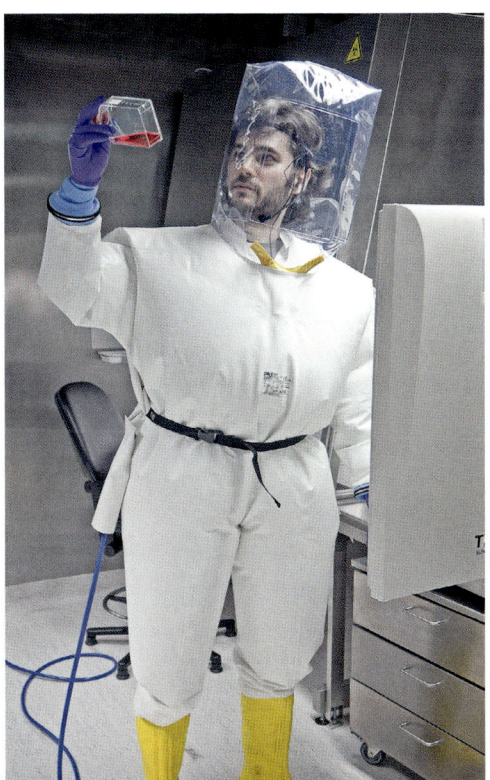

Auch die Atemluft bekommen die Experten von außen über einen Schlauch zugeführt, damit sie die Viren auf keinen Fall einatmen können. Wenn die Wissenschaftler das Labor betreten, schließen sie den Schlauch an einen Anschluss für Frischluft an der Labordecke an. So wird ständig frische Luft in den Anzug gepustet und die verbrauchte Luft wird über Ventile an die Umgebungsluft im Labor abgegeben. Die Wissenschaftler sehen ein bisschen aus wie Astronauten. Dr. Toni Rieger, einer der Experten, der das Lassavirus untersucht, erklärt: »Erst findet man den Anzug etwas gewöhnungsbedürftig, man kann sich nur eingeschränkt bewegen und schwitzt ziemlich. Aber er wird schnell selbstverständlich, denn nur so sind wir beim Arbeiten geschützt. Er gibt ein sicheres Gefühl.«

Bevor Toni Rieger den Laborraum betreten kann, muss er durch eine dreifache Schleuse. Die Türen der Schleusenräume sind so verriegelt, dass die Luft immer in Richtung Labor strömt, wenn er eine Schleusentür öffnet oder schließt. Das bedeutet, dass die Laborluft, die vielleicht mit gefährlichen Erregern verseucht ist, nicht nach außen gelangen kann.

Toni Rieger holt ein Gefäß mit Nährlösung aus dem Brutschrank und betrachtet den Zellkulturrasen.

Wenn eine Tür richtig fest verschlossen ist, leuchtet ein Schild rot auf. Erst dann kann die nächste Schleusentür entriegelt werden. Insgesamt braucht Dr. Rieger für das Umziehen und Einschleusen etwa zehn Minuten. Als zusätzliche Sicherheitsmaßnahme bleibt er im Labor über ein Mikrofon, Walkie-Talkie und Kameras mit zwei Kollegen außerhalb des S4-Labors in Verbindung.

Im S4-Labor herrscht Unterdruck, sodass auch im Fall einer undichten Tür kein Erreger entweichen kann. Die Fenster sind aus einem Spezialglas, das auch extrem hohen Temperaturen bei einem Feuer problemlos standhält. Ein Brand würde allerdings sofort einen Alarm auslösen.

Das Labor selbst wirkt ein wenig wie eine Großküche. Schränke, Tische, Rohre und Wände, alles ist blitzsauber und aus Edelstahl. Die Oberflächen sind glatt und unempfindlich gegen scharfe Chemikalien und Desinfektionsmittel. Der Fußboden ist mit einem wasserundurchlässigen Belag bedeckt, der leicht zu reinigen ist, und die Laborluft wird durch Spezialfilter gründlich gereinigt, bevor sie an die Umgebung abgegeben wird.

Seine Untersuchungen führt Toni Rieger an einer speziellen Laborwerkbank mit Sicherheitsabzug aus. Bei seinen Versuchen sitzt er vor einer Art Glaskasten, der ständig die Luft über dem Labortisch absaugt, auf dem alle Materialien stehen.

Da sich Viren nur in anderen Zellen vermehren können, sind die Forscher auf eine große Menge von Wirtszellen angewiesen. Glücklicherweise müssen nicht immer wieder neue Zellen von Tieren oder Menschen gewonnen werden, denn die Wissenschaftler züchten sie mittlerweile in sogenannten Zellkulturen. Diese Zellen schwimmen dann in einer Nährlösung, die alle wichtigen Stoffe enthält, die die Zellen brauchen. Häufig setzen sich die Zellen auch auf dem Boden ab, bilden eine dünne Schicht und wachsen zu einer Art dichtem Zellrasen. Wenn die Viren jetzt dazugegeben werden, können sie die Zellen anstecken und sich mas-

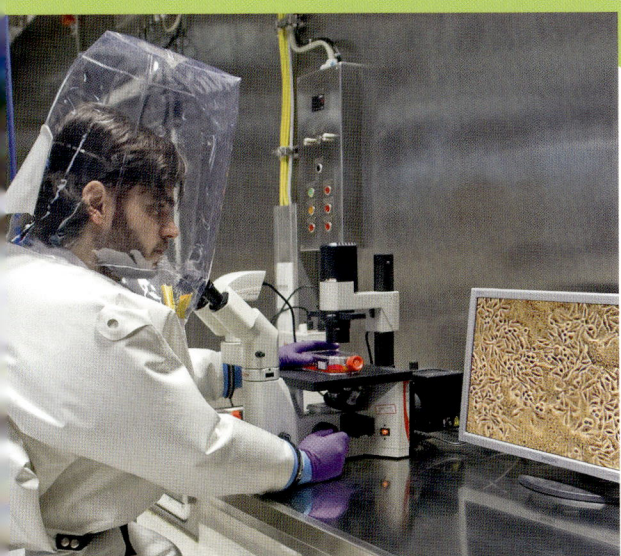

Toni Rieger sieht sich eine Zellkultur unter dem Mikroskop an. Auf dem Bildschirm kann er den Zellrasen mit den Löchern erkennen.

senhaft in ihnen vermehren. Dabei werden die Zellen zerstört und die Forscher können Löcher in dem Zellrasen erkennen.

Möchte Toni Rieger beispielsweise die Wirksamkeit von Medikamenten testen, kann er den Wirkstoff zu der Zellkultur mit den Viren geben. Weist der Zellrasen dann weniger Löcher auf, ist das ein Beweis dafür, dass der Wirkstoff die Vermehrung der Viren hemmt und deswegen weniger Zellen zerstört werden.

Auch wenn irgendwo in Deutschland der Verdacht entsteht, dass sich ein Urlauber mit einem dieser gefährlichen Viren angesteckt haben könnte, wird eine Blutprobe nach Hamburg geschickt. Im S4-Labor untersuchen die Wissenschaftler die Probe und

schauen sich die Erreger ganz genau im Elektronenmikroskop an.

Bevor Toni Rieger das Labor wieder verlässt, muss er alles gründlich reinigen und alle Geräte desinfizieren. Dann sagt Dr. Rieger seinen Kollegen per Walkie-Talkie Bescheid und geht durch die erste Schleuse. Er muss eine längere Reinigung über sich ergehen lassen. Zuerst wird er in voller Montur geduscht. Aber nicht unter Wasser, sondern unter einer verdünnten Säure, die alle Keime und Erreger auf dem Schutzanzug abtötet. Klar, dass man für diese Berieselung den Anzug anhaben sollte, sonst gäbe es Verletzungen. Anschließend zieht der Experte den Schutzanzug aus und duscht noch mal mit Wasser und Seife.

Bei der Arbeit im Hochsicherheitslabor sind also ganz schön viele Regeln zu beachten, damit die Wissenschaftler bei der Erforschung der gefährlichen Viren weder sich noch andere gefährden. Toni Rieger stört das aber nicht, denn er findet seine Arbeit spannend und hofft, dass er etwas zu der Entwicklung von neuen Medikamenten beitragen kann. Frisch geduscht verlässt er dann den Laborbereich S4 endgültig und geht in sein Büro zurück, um die Ergebnisse seiner Versuche am Computer auszuwerten.

Deutsches Museum
München

Wer plant und baut in einem Museum die Ausstellungen?

In Museen werden die unterschiedlichsten Dinge ausgestellt: Autos, Dinosaurier, Bilder, Bergwerke, Unterwäsche oder sogar Currywürste, eigentlich kann man sich alles irgendwo in irgendeinem Museum anschauen. Das Deutsche Museum in München ist über 100 Jahre alt und das bekannteste und größte Technikmuseum der Welt. Neben den Dauerausstellungen gibt es oft auch Sonderausstellungen zu bestimmten Themen. Wir durften einen Blick in die Räume und Werkstätten werfen, in denen die neue Sonderausstellung »Chemie in Freizeit und Sport« entstand. Hier können Besucher sonst nicht so einfach hineinspazieren, denn hinter den Türen »Durchgang verboten« und »Nur für Mitarbeiter« wird geplant, probiert und gewerkelt, was das Zeug hält. Und es sind jede Menge Menschen daran beteiligt.

Die Sonderausstellung »Chemie in Freizeit und Sport« ist ein Teil der neuen Chemieausstellung, die nach 30 Jahren dringend modernisiert werden musste, um den Besuchern auch neue Materialien, wie moderne Klebstoffe oder Wasser abweisende Fasern, zeigen zu können. Als Kuratorin für Chemie übernahm Frau Dr. Rehn-Taube die Planung der Ausstellung. Kuratoren verwalten die Sammlungen in einem Museum und sie planen oder organisieren auch die neuen Ausstellungen.

Und so entsteht eine neue Ausstellung: Im ersten Schritt bildete das Museum ein Team aus der Kuratorin, verschiedenen Museumsmitarbeitern und Sponsoren. Das sind in diesem Fall Chemieunternehmen, die das Museum mit Geld unterstützen, weil der Aufbau einer neuen Ausstellung teuer ist. Das Team überlegte sich zunächst einen Titel und ein Konzept für die Chemieausstellung. Schnell waren sich alle einig: »Überraschende Chemie im Alltag« sollte sie heißen und dem Besucher zeigen, wie und wo Chemie unser Leben erleichtert. Die Themen »Ernährung«, »Kosmetik«, »Energiespeicher« und »Bauen« werden neben einem Mitmachlabor und einem Hörsaal die zukünftigen Ausstellungsbereiche bilden. Einen besonderen Schwerpunkt wollte das Team mit der Sonderausstellung »Chemie in Freizeit und Sport« setzen, die vorab im Oktober 2011 fertiggestellt wurde und hier als Beispiel dient.

Hinter der Tür »Nur für Mitarbeiter« saßen Wissenschaftler und Ingenieure mit Dr. Rehn -Taube zusammen und überlegten genau, was sie ausstellen wollten. Hierzu schrieben sie, ähnlich wie bei einem Film, ein Drehbuch für alle Stationen der Ausstellung. Auf der einen Seite des Drehbuchs stand genau, was dargestellt werden sollte, und auf der anderen Seite war aufgelistet, welche Exponate, also Ausstellungsstücke, das veranschaulichen könnten.

Anhand von Bergsteigerfiguren wollten die Museumsmitarbeiter zeigen, wie sich Kunststoffe, Farben und Materialien mit der Zeit verändert oder weiterentwickelt haben. Zunächst stand im Drehbuch nur: »Bergsteigergruppe, früher und heute, in histori-

scher und moderner Kleidung und mit Gerät.« Im Verlauf der Ausführung wurde dann genau aufgelistet, was die Figuren anhaben sollten. Das reichte von der atmungsaktiven, wasserundurchlässigen Jacke über moderne Bergsteigerschuhe bis hin zum Kunststoffkletterseil. Und dementsprechend lauteten die Angaben für die historische Figur: »Lodenjacke, Lederschuhe und Hanfseil.« Auf diese Weise gingen die Planer Punkt für Punkt jede Ausstellungsstation durch.

Nun konnte der Architekt loslegen: Er ist für die Anordnung und Planung der einzelnen Stationen zuständig. Für die Bergsteiger entwarf er ein Diorama in der Mitte der sternförmigen Ausstellung. Das ist eine Art durchsichtiger Schaukasten, in dem Figuren und Landschaften vor einem gemalten Hintergrund stehen und wirklichkeitsgetreu dargestellt sind. Diese Dioramen sind eine Spezialität des Deutschen Museums und an ihrer Herstellung sind immer viele museumseigene Werkstätten beteiligt.

Die Handwerker schauten sich zuerst gemeinsam das Drehbuch, die Pläne, Zeichnungen, Bilder und Fotos an und machten sich dann auf den Weg zu ihren Werkstätten. Wir folgten ihnen bis in den Keller des Museums.

Das Hintergrundbild mit dem Bergpanorama

Staunend gingen wir bei den Ausstellungsmalern, der Buchbinderei, der Druckerei, der Elektrowerkstatt, der Schreinerei und dem Fotoatelier vorbei. Schließlich gelangten wir zu einer Tür mit der Aufschrift »Bildhauer«.

In dem großen Bildhaueratelier stehen überall Modelle, angefangene Exponate und Drahtentwürfe zwischen Leitern, Tischen und Regalen herum. Hier bauten die Bildhauer zuerst ein maßstabsgetreues Vormodell. Dazu bildeten sie Felsen, Figuren und Geräte im Miniaturformat nach und besprachen dann mit der Kuratorin, ob ihre Vorstellungen richtig umgesetzt wurden. Da ein Diorama im Normalfall nur einmal gebaut wird, müssen Feinheiten wie Bemalung und Perspektive vorher genau festgelegt werden.

Oft findet sich erst nach mehreren Versuchen die richtige Lösung. Deshalb ist ein Diorama eine einzigartige Herausforderung und das maßstabsgetreue Vormodell liefert einen wichtigen ersten Eindruck von dem zukünftigen Exponat.

Auch das eigentliche Exponat wurde hinter der verschlossenen Tür der Bildhauerwerkstatt gebaut. Auf einer hölzernen Grundplatte fertigten die Bildhauer eine Felsenlandschaft aus Draht, Gips und Styropor. Die Felsen wurden mit Leim bestrichen und anschließend mit einem zermahlenen Pulver beschneit, sodass eine verschneite Bergkulisse entstand. Für den Hintergrund hatte man zwei große,

halbrunde Holzplatten genommen, die später zum ovalen Diorama zusammengesteckt wurden. Auf ihnen erschufen die Maler mit Farben eine naturgetreue Berglandschaft mit Wolken, Gipfeln und ganz viel Schnee.

Für die beiden Bergsteigerfiguren bogen und schweißten die Bildhauer und Schlosser zuerst zwei Drahtgerüste, die später mit Gipsbrei in eine Form gebracht wurden. Danach wurden die Figuren mit Äxten, Messern, Raspeln und Feilen bearbeitet, um alle Feinheiten, wie zum Beispiel Gesichtszüge oder Fingernägel, herauszuarbeiten. Anschließend wurden die Gesichter bemalt. Um ihnen etwas Lebendiges zu verleihen, mussten die Maler sehr sorgfältig mit feinen Pinseln arbeiten. Aber jetzt kam eigentlich erst die spannendste Herausforderung: die unterschiedliche Ausstattung der Figuren! Denn an ihr sollte die Weiterentwicklung der letzten achtzig Jahre gezeigt werden. Schnell war die moderne Figur, die Bergsteigerin, mit neuartigen Materialien und Stoffen angekleidet. Die Bildhauer zogen ihr

eine wetterfeste Hose und Jacke an. Dazu bekam sie wasserdichte Schuhe, eine Fleecemütze und Hightech-Handschuhe. Mit einem Nylonrucksack auf dem Rücken, Klettergurt, Expressschlingen sowie einem Kunststoffseil in der Hand war ihre Ausrüstung komplett.

Bei der Ausrüstung der historischen Figur gab es zunächst einige Schwierigkeiten, denn die Kleidung sollte den 1930er-Jahren entsprechen. Da es aber keine geeigneten Kleidungsstücke mehr aus dieser Zeit gab, wurden die Mitarbeiter hinter der Tür Näherei aktiv. Sie suchten nach passenden Stoffen und nähten anschließend in der museumseigenen Näherei eine Stoffhose und die Lodenjacke. Mütze und Rollkragen wurden aus grober Wolle gestrickt. Die alten Ski entdeckte Frau Dr. Rehn-Taube bei ihrer Großmutter im Keller. Den Rucksack und den Eispickel stiftete der Leiter des Handwerkerteams. Weitere Ausrüstungsgegenstände wie Brotzeitdosen und Trinkflasche wurden mit dem Alpinen Museum zusammen entdeckt und einige Gegenstände sogar

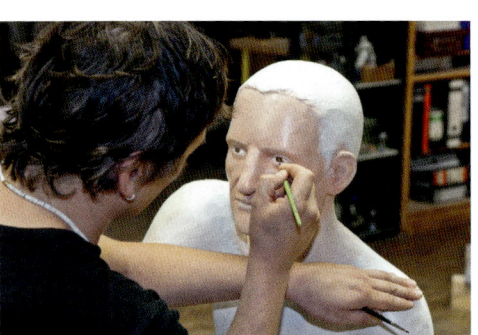

Hier malt der Maler Herr Dafinger gerade die Augen der Figur.

Das Kletterseil stellt die Verbindung zwischen den beiden Figuren her.

bei Internetauktionen erstanden. Der Kuratorin war es besonders wichtig, möglichst viele originale Gegenstände zu bekommen.

Nach und nach kamen alle Stücke für das Diorama zusammen und wurden eingebaut. Schließlich stand das große Diorama fertig in der Mitte der Bildhauerwerkstatt und musste jetzt nur noch in die Ausstellung transportiert werden. Hier hatten die Schreiner des Museums schon den Holzboden gezimmert. Da das Diorama nicht durch die Werkstatttür passte, muss-

ten die Handwerker es vorsichtig auseinandernehmen und stückweise auf einem Gabelstapler in die Ausstellungsräume fahren. Hier baute das Team das Diorama wieder zusammen. Anschließend setzte der Ausstellungsbauer die Scheiben in die Holzelemente ein.

Da es sich um ein Zweieinblickdiorama handelt, also einen Kasten mit zwei Fenstern, gab es noch eine zusätzliche Schwierigkeit. Die Figuren warfen unnatürliche Schatten auf das Bergpanorama. Gemeinsam tüftelten die Bildhauer mit den Elektrikern an einer Lichtdecke mit ganz vielen LED-Lämpchen, bis die Schatten verschwanden und die Berge im Diorama natürlich wirkten. Zum Schluss ordneten die Museumsmitarbeiter die weiteren Exponate rund um das Diorama an, bis der gesamte Ausstellungsbereich fertig war und eröffnet werden konnte.

Wenn ihr bei eurem nächsten Museumsbesuch an einer verschlossenen Tür vorbeigeht, könnt ihr erahnen, was dahinter passiert. Bestimmt wird gerade wieder an einer neuen spannenden Ausstellung gearbeitet, damit ihr auch in Zukunft tolle Dinge bestaunen, verstehen und vielleicht auch ausprobieren könnt.

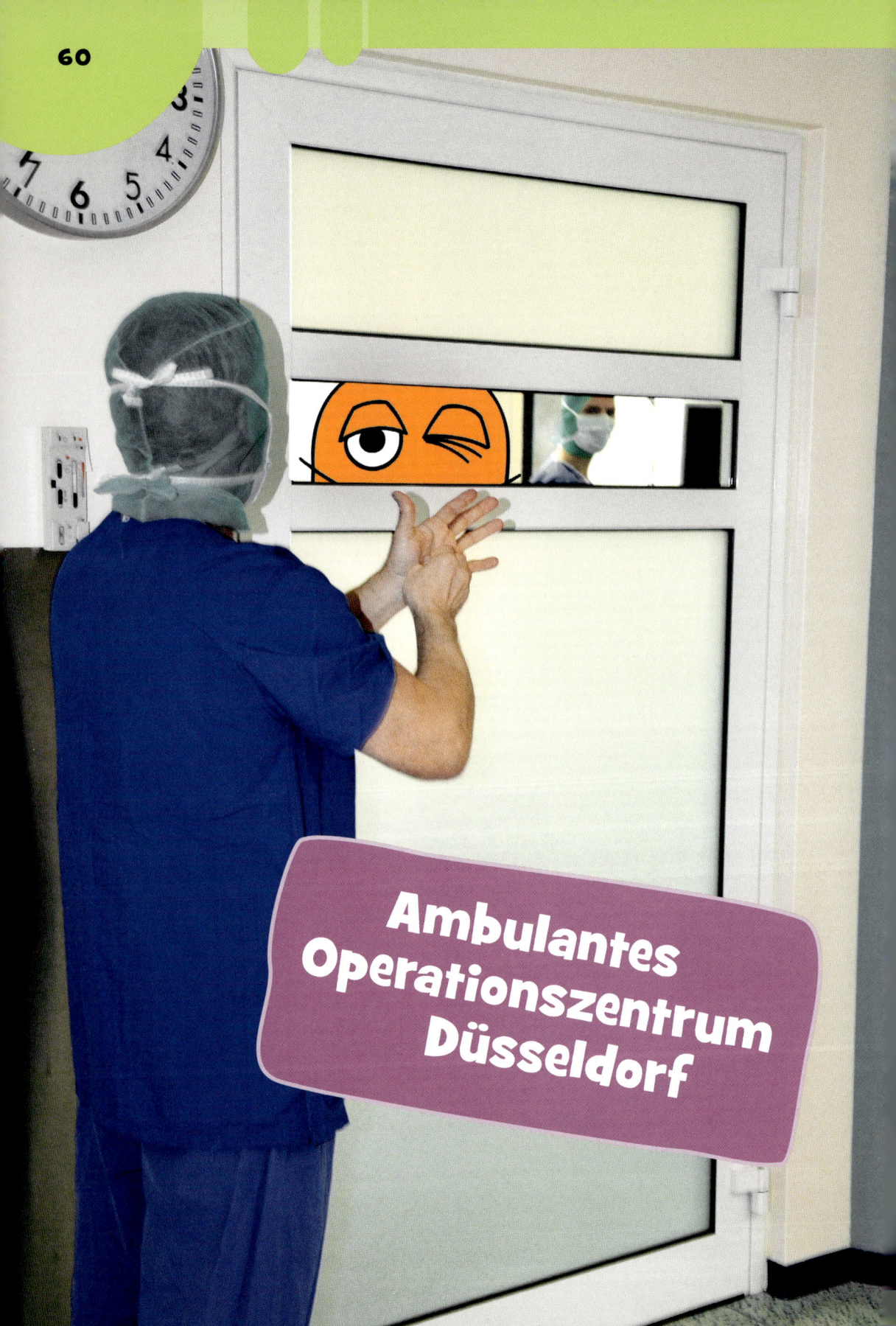

Ambulantes Operationszentrum Düsseldorf

Was passiert bei einer ambulanten Operation?

Bei manchen Krankheiten, Unfällen oder Verletzungen muss operiert werden. Bis vor einigen Jahren kamen die Patienten dann für ein paar Tage ins Krankenhaus. Mittlerweile werden aber viele Operationen ambulant durchgeführt. Das bedeutet, dass der Patient noch am selben Tag wieder nach Hause darf. Vielleicht habt ihr in einem Krankenhaus schon mal das Schild »Achtung, OP-Bereich! Eintritt verboten!« gesehen und euch gefragt, wie es hinter dieser Tür aussieht. Wir haben uns im Ambulanten Operationszentrum in Düsseldorf hinter so ein Schild gewagt. Zuerst konnten wir in den Operationssaal nur durch eine weiße Tür mit Sichtfenster aus Glas sehen. Aber dann durften wir gemeinsam mit dem Arzt auch diese Tür aufstoßen und dem Orthopäden bei einer Knieoperation über die Schulter schauen.

Auf dem Operationsplan von Dr. Wolfgang Quante steht heute Hans Sanger. Er hatte vor einigen Wochen mit seinen Söhnen auf dem Sportplatz Fußball gespielt. Dabei war das Knie bei einer Drehbewegung nach innen weggeknickt und er war gefallen. Mit starken Schmerzen und geschwollenem Knie war Herr Sanger zu dem Orthopäden gekommen. Ein **Orthopäde** ist ein Arzt, der sich überwiegend mit Gelenken, Knochen, Muskeln, Bändern und Sehnen befasst. Der Arzt vermutete, dass der halbmondförmige Knorpel im Knie, auch **Meniskus** genannt, bei dem Sportunfall verletzt worden war. Als die Dehnübungen, die er Herrn Sanger verordnet hatte, keine Besserung brachten, riet er seinem Patienten zu einer **ambulanten Operation.** Herr Sanger war einverstanden und die Sprechstundenhilfe machte mit dem OP-Zentrum einen Termin aus.

Einen Tag vor der OP traf sich Herr Sanger mit Dr. Bernd Marquardt, dem **Narkosearzt.** Bei schmerzhaften

Operationen werden die Patienten nämlich betäubt. Sie bekommen ein Mittel, das den Schmerz und ihr Bewusstsein ausschaltet. Ihr könnt euch das ein bisschen wie eine Art Tiefschlaf vorstellen. Der Anästhesist, so wird der Narkosearzt auch genannt, besprach mit seinem Patienten den genauen Ablauf der Narkose und erklärte ihm, dass er vor der OP sechs Stunden nichts essen und trinken dürfe und nach der OP auf gar keinen Fall selber Auto fahren könne. Deshalb solle er am Operationstag auch seine Frau mitbringen.

Vorbereitung zur OP

Als Erstes wird Herr Sanger von einem Pfleger aus dem Wartezimmer abgeholt und in den Vorraum des OP gebracht. Hier bekommt er die Kleidung, die er während des Eingriffs tragen muss. Es ist ein grünes Hemd, das hinten am Rücken zugebunden wird. Anschließend öffnet der Pfleger die Tür zum hell erleuchteten Operationssaal und fährt den Patienten auf einer Liege hinein. Hier warten schon Dr. Marquardt und die OP-Schwester Sylvia auf ihn. Schwester Sylvia beruhigt den Patienten ganz

freundlich, denn sie merkt, dass er jetzt etwas nervös ist. Herr Sander klettert auf den OP-Tisch in der Mitte des Raums und legt sich auf den Rücken. Am Kopfende steht der Anästhesist mit seinem Narkosegerät. Er führt eine Nadel in eine Ader des linken Arms ein. Unter Ärzten heißt das »einen Zugang legen«. Hierüber werden während der Operation das Betäubungsmittel und eventuell auch andere Medikamente gegeben. Dann wird das Überwachungsgerät angeschlossen, das den Puls, den Herzschlag und die Atemgase des Patienten überwacht. Über einen kleinen Fingerclip wird der Sauerstoff im Blut gemessen. Während Dr. Marquardt das Betäubungsmittel spritzt, atmet Herr Sanger über eine kleine

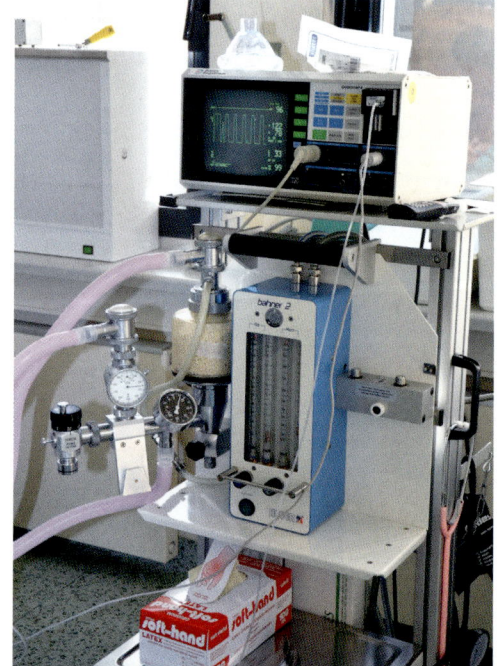

Das Narkosegerät. Auf dem Bildschirm kann Dr. Marquardt auch den Pulsschlag und den Blutdruck ablesen.

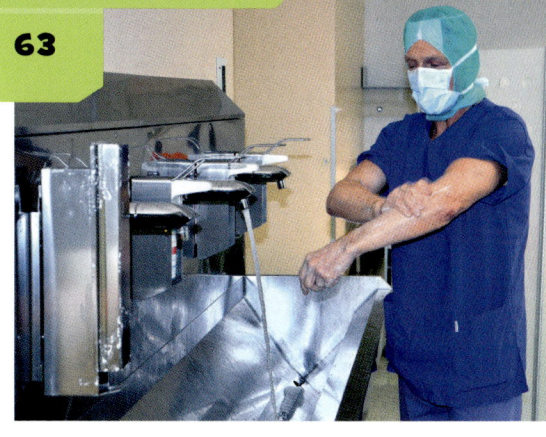

Maske Sauerstoff ein. Das ist bei jeder Narkose so, weil durch das Betäubungsmittel die eigenständige Atmung aussetzt. Ist der Patient tief eingeschlafen, übernimmt ein Gerät oder der Narkosearzt die Beatmung. In diesem Fall wird Herr Sanger von Dr. Marquardt über einen Beatmungsbeutel mit Luft versorgt.

Vor der Operation muss sich Dr. Quante ganz gründlich seine Hände und die Unterarme waschen.

Damit sich die frischen Wunden nicht entzünden oder verunreinigt werden, ist im Operationssaal absolute Sauberkeit angesagt. Deshalb werden die medizinischen Instrumente auf eine besondere Art gereinigt, bevor sie in den OP gebracht werden. Die OP-Schwester legt sie in ein Gerät, das Autoklav genannt wird. Von außen sieht der Autoklav ein bisschen wie ein Backofen ohne Fenster aus und er funktioniert wie ein Schnellkochtopf. Sicher wisst ihr, dass Wasser eigentlich bei 100° C kocht, aber im Autoklav kocht es erst bei über 128° C. Dies wird durch einen erhöhten Druck im Gerät erreicht. Nur bei diesen hohen Temperaturen können die Ärzte sicher sein, dass alle Bakterien und Keime abgetötet werden.

Während sich das OP-Team um Herrn Sanger kümmert, bereitet sich auch Dr. Quante auf die bevorstehende Operation vor. Zuerst zieht er sich, genau wie alle anderen im OP, seine Arbeitskleidung an. Hierzu gehören ein blaues, kurzärmeliges Oberteil, auch OP-Kasack genannt, eine blaue Hose, Gummischuhe, ein Mundschutz und eine eng anliegende Kopfbedeckung. Danach betritt er den Vorraum des Operationssaals. Hier findet der nächste, wichtige Vorbereitungsschritt statt: das »chirurgische Waschen«. Jeder im OP-Team muss sich auf eine ganz bestimmte Art und Weise die Hände waschen, bevor er in den OP darf. Zuerst werden die Hände und die Unterarme ungefähr drei Minuten lang mit Seife und Wasser gründlich gewaschen. Dabei darf der Seifenspender nur mit dem Ellenbogen bedient werden, damit keine neuen Krankheitserreger an die Hände kommen. Außerdem müssen die Hände immer höher als die Ellenbogen gehalten werden, damit Wasser, Seife und Desinfektionslösung über die Unterarme ablaufen. Im zweiten Schritt werden die Fingernägel und

Fingerspitzen mit einer Nagelbürste gründlich gereinigt. Anschließend werden Hände und Unterarme noch einmal mit Seife gewaschen. Zum Schluss werden die Hände mit einer Lösung eingerieben, die Krankheitserreger und Keime abtötet. Das nennt man auch desinfizieren. Insgesamt kann diese Reinigung schon zehn Minuten dauern, ist aber für eine saubere Arbeit im OP enorm wichtig.

Als Dr. Quante in den OP-Saal kommt, hat Schwester Sylvia Herrn Sanders Bein schon mit einer jodhaltigen Lösung desinfiziert und den restlichen Körper mit sterilen, keimfreien, grünen Tüchern abgedeckt. Jetzt hilft sie dem Arzt in den OP-Kittel, den er über seine blaue Kleidung anzieht, und in sterile Handschuhe. Um sicherzugehen, dass kein Krankheitserreger von außen in den OP dringt, ziehen die Ärzte sie erst direkt vor der Operation im OP-Saal an.

Die Operation

Bei Herrn Sanger ist eine Operation geplant, die auch als Endoskopie oder Spiegelung bezeichnet wird. Die Methode ist besonders schonend, weil der Arzt mithilfe einer winzigen Kamera in das Knie schauen kann,

ohne es mit einem großen Schnitt zu öffnen. Der Begriff »Spiegelung« kommt noch aus der Zeit, als die Ärzte kleine Spiegel hierfür verwenden mussten. Heute wird über ein kleines Loch in der Nähe der Kniescheibe ein Schlauch mit einem Kunststoffüberzug eingeführt. Hierin befindet sich ein Glasfaserbündel, das tatsächlich aus unglaublich dünnen Glasfäden besteht. Die Fasern haben die erstaunliche Eigenschaft, Licht und Bilder weiterzuleiten. Auf diesem Weg wird bei dem Eingriff Licht in die Hohlräume des Kniegelenks geschickt und dann überträgt eine kleine Kamera Bilder aus dem Knie auf den Monitor. Damit sich Dr. Quante das Knieinnere deutlich ansehen kann, lässt er eine Spüllösung über ein kleines Ventil in das Gelenk laufen und saugt sie anschließend wieder ab. Er verfolgt alle Bewegungen am Monitor und schaut sich die Kniescheibe, die Knochen, den Knorpel und die Bänder ganz genau an. Am Meniskus entdeckt er einen Knorpelschaden, der deutlich auf dem Bildschirm zu sehen ist. An einigen Stellen ist der Meniskus sogar richtig ausgefranst.

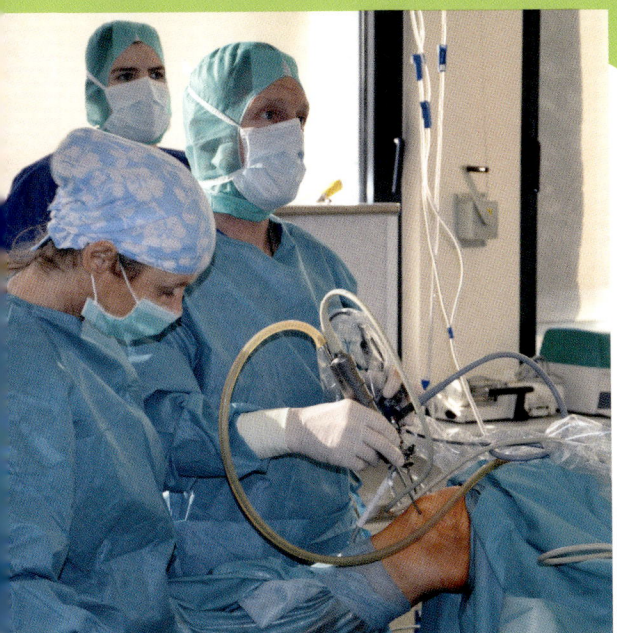

Während der Operation verfolgt Dr. Quante die Bewegungen der Geräte am Monitor.

Jetzt ist klar, dass der Knorpel begradigt und geglättet werden muss, um die Schmerzen von Herrn Sanger zu beheben.

Dazu legt der Orthopäde an der Innenseite des Knies einen zweiten Zugang, das sogenannte Arbeitsportal, für die Miniaturwerkzeuge. So kann bei einer Endoskopie operiert werden, ohne dass das Gelenk weiter geöffnet werden muss. Durch das Arbeitsportal führt der Arzt eine kleine Schneidzange ein, mit der er die ausgefransten Knorpelstücke abknipst. Anschließend hobelt er mit einem Drehmesser die Reste ab und glättet alle Unebenheiten. Die abgeknipsten Knorpelstücke werden einfach weggespült und abgesaugt. Dann entfernt Dr. Quante die Schläuche für das Glasfaserkabel

und die Instrumente wieder vorsichtig. Schwester Sylvia legt einen Verband an und Dr. Marquardt, der Herrn Sanger während der ganzen Operation sorgsam überwacht und beatmet hat, bereitet den Patienten aufs Aufwachen vor. Er stoppt die Zufuhr des Narkosemittels und Herr Sanger atmet nach kurzer Zeit wieder selbst. Der OP-Pfleger schiebt ihn jetzt in den Aufwachraum, damit er langsam wieder wach werden kann.

Nach der Operation trägt Dr. Quante den Befund und die Namen des OP-Teams in ein dickes Buch ein, damit man später die Operation nachverfolgen kann. Anschließend geht er zu seinem Patienten in den Aufwachraum und erklärt ihm, dass die Operation erfolgreich war. Eine Stunde später verlässt Herr Sanger wach und fit mit seiner Frau das Operationszentrum und ist froh, in sein eigenes Bett zu können.

Durch bessere Operationstechniken und gut verträgliche Betäubungsmittel sind die Möglichkeiten für ambulante Eingriffe viel größer geworden. Ihr fändet es bestimmt auch besser, kurz nach der Narkose wieder fit zu sein und keine großen Wunden oder Narben zu haben.

Lucas Roth

Wie meistert ein blindes Kind seinen Alltag?

Wir stehen in Oberhausen vor der weißen Haustür eines Einfamilienhauses, wo wir mit Lucas und seiner Familie verabredet sind. Lucas ist elf Jahre alt und von Geburt an blind. Er möchte uns zeigen, wie er wohnt, seine Lieblingsbücher liest, am Laptop oder im Garten spielt und sich draußen im Straßenverkehr bewegt. Deswegen hat er uns zu Kaffee und Kuchen zu sich nach Hause eingeladen. Wir haben schon gehört, dass Lucas ein sehr mutiges Kind ist. Aber als wir mit Lucas den Tag verbringen und er uns von seinen Hobbys und Plänen für die Zukunft erzählt, kommen wir aus dem Staunen nicht mehr heraus.

»Oh, hallo, da seid ihr ja«, hören wir Lucas schon rufen, als wir das Haus betreten. Er hat kurze Haare, Jeans und ein cooles T-Shirt an. Nur die schwarze Brille mit den orangefarbenen Gläsern ist etwas ungewöhnlich. Es ist eine sogenannte Kantenfilterbrille, die Lucas' Augen vor starkem

Sonnenlicht schützen soll, denn er kann mit seinen Augen noch hell und dunkel wahrnehmen.

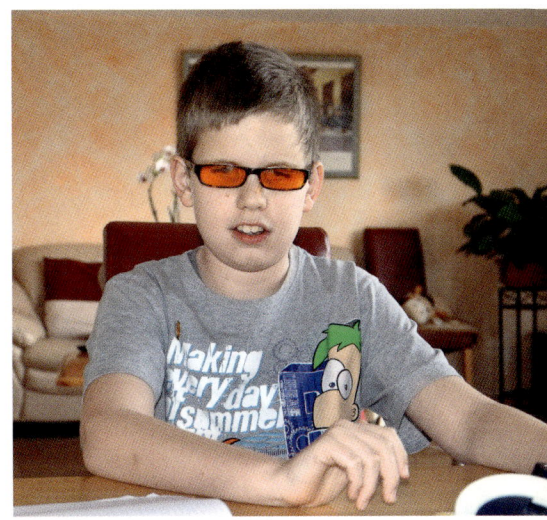

Lucas trägt diese Brille, um seine Augen zu schützen.

Zusammen mit seinen Eltern und seinem kleinen Bruder Jan setzen wir uns an den Kaffeetisch und Lucas isst erst einmal ein großes Stück Kuchen. Dann fängt er an zu erzählen: »Mor-

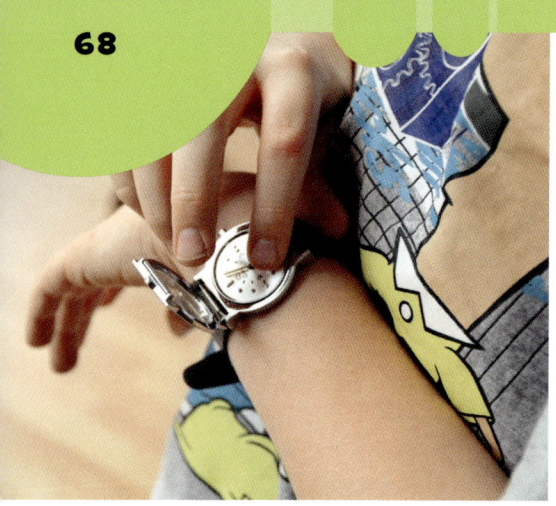

Mit seiner Blindenarmbanduhr kann Lucas die Zeit ganz genau ertasten.

gens um halb sieben weckt mich meine Blindenuhr. Ich öffne sie und fühle mit dem Zeigefinger, wie spät es ist.« Er hält uns seinen Arm mit der Armbanduhr hin und öffnet einen kleinen, gläsernen Deckel. Auf dem Ziffernblatt sind verschiedene silberne, leicht erhöhte Punkte angeordnet. »Wenn ich mit dem Finger darüberfahre, weiß ich sofort, wie spät es ist. Jetzt ist es genau vier Minuten vor halb vier!« Das ging so schnell, dass wir ebenfalls verdutzt auf unsere Armbanduhr schauen. Es stimmt genau.

Zuerst wollen wir wissen, wie sein Tag beginnt. Wir erfahren, dass Lucas morgens zunächst die Sachen anzieht, die ihm seine Mutter herausgelegt hat. Dann geht's zum Waschen, Kämmen und Zähneputzen ins Bad und danach frühstücken alle zusammen. Anschließend zieht er sich an der Haustür die Schuhe an und hört oft schon das Taxi in der Einfahrt, das

ihn zur Schule bringt. Lucas geht in die vierte Klasse der Johanniterschule für blinde und sehbehinderte Kinder in Duisburg. In seiner Klasse gibt es neun Kinder, das jüngste Kind ist zehn Jahre alt, das älteste 13 Jahre.

Lucas hat, genau wie ihr, Mathematik, Deutsch, Englisch und Sport in der Schule. Aber er hat auch ein Fach, das APF heißt. Es ist sein Lieblingsfach und bedeutet Alltagspraktische Fertigkeiten. Lucas lernt hier beispielsweise schneiden, Schleifen binden und Äpfel schälen. Alles Dinge, die im Alltag wichtig, aber für blinde Menschen schwerer zu erlernen sind.

Den Sportunterricht findet Lucas klasse, weil er sich dann richtig austoben kann. Häufig machen sie zu zweit ein Zirkeltraining und springen über Kästen oder turnen an Ringen. Besonders gern sprintet Lucas. Als wir verwundert nachfragen, wie er sich dabei in der Halle zurechtfindet, erklärt er uns, dass sie an einer 25 Meter langen Wand aus Glasbausteinen entlanglaufen und dabei die Hand über die Mauer gleiten lassen. Dadurch wissen die blinden Schüler genau, dass sie geradeaus laufen.

Als Nächstes zeigt uns Lucas seinen Schnellhefter für Deutsch und er-

zählt, dass er im Unterricht gerade eine Kurzschrift aus Silben lernt, mit der er die Blindenschrift schneller lesen und schreiben kann. Die Blindenschrift, die sogenannte Brailleschrift, hat Lucas schon als Vorschulkind im Kindergarten gelernt und beherrscht sie sehr gut. Sie besteht aus sechs Punkten, die verschieden kombiniert als Muster von hinten mit der Braillemaschine ins Papier gepresst werden und für unterschiedliche Buchstaben stehen. Mit den Fingerspitzen werden die verschiedenen Erhöhungen ertastet. Jedes Muster hat eine andere Bedeutung und wird mit den Fingern erlesen. Lu-

cas greift nach einem dicken Ordner. Es ist der erste Band von »Harry Potter«. Staunend schauen wir uns das zusammengeheftete Buch näher an. Es ist ja schon in Schwarzschrift, also in der Schrift, die wir lesen, ein dicker Wälzer, aber als Braillewerk ist es wirklich beeindruckend, weil es noch viel dicker aussieht.

Wenn Lucas selber schreiben möchte, hat er verschiedene Möglichkeiten. Es gibt eine Prägezange, mit der er Braillezeichen in ein Band drücken kann. Die funktioniert genauso wie die Prägezangen, die für Namen- oder Klingelschilder verwendet werden. Zuerst wird das Zeichen an der Stanze eingestellt und anschließend ins Band hineingedrückt. Wenn er mit seinem Laptop arbeitet, verwendet er eine Blindenschriftmaschine, die an den Computer angeschlossen wird.

Vor seinem Laptop steht die »Braillezeile«, die für Lucas den Text in Blindenschrift übersetzt.

Diese Maschine heißt Braillezeile und funktioniert ein bisschen so wie ein Übersetzungsgerät. Auf einer länglichen Platte sind verschiedene Tasten und eine Reihe von Feldern nebeneinander angeordnet. Jedes Feld hat acht bewegliche Punkte, die sich ganz leicht hoch- und runterbewegen, wenn bestimmte Tasten gleichzeitig gedrückt werden. Wenn die Braillezeile an den Laptop angeschlossen ist, werden die gedrückten Tasten in Schriftzeichen übersetzt und auf dem Bildschirm als Buchstaben angezeigt. Falls Lucas etwas aus dem Internet lesen möchte, kann er das auch mithilfe seiner Braillezeile, auf der dann in den Feldern ein Punktmuster entsteht, das den Buchstaben auf dem Bildschirm entspricht. Die kleinen Punkte richten sich auf und sind als erhöhte Muster mit den Fingerspitzen zu erfühlen.

Manchmal übt Lucas auch mit seinem Schreibtrainer, der ihm gesprochene Anweisungen für die normale Computertastatur gibt. Sein Ziel ist es, demnächst blitzschnell Texte tippen zu können, genau wie viele Sehende, die auch nicht auf die Tasten schauen.

Kaum haben wir verstanden, wie die Braillezeile funktioniert, möchte uns Lucas das nächste tolle Gerät erklären, das er vor Kurzem zum Geburtstag bekommen hat: »Es ist ein bisschen wie ein MP3-Player, aber besser. Mit meinem Plextalk PCP1 kann ich Musik und Bücher hören, umblättern und genau an der Stelle weiterhören, an der ich vorher gestoppt hatte. Das kann ein MP3-Player nicht. Manchmal lerne ich so auch Texte für die Schule, die meine Lehrer aufgenommen haben.«

Was macht Lucas in seiner Freizeit?

Nach der Schule wird Lucas mit dem Taxi wieder nach Hause gefahren. Er isst zu Mittag und macht seine Hausaufgaben. Einmal in der Woche trifft er sich zum Spielen und Singen mit den »Minimännern«. Ungefähr 20 Jungen gehören zu dieser Jugendgruppe, die von der Kirchengemeinde organisiert wird. Für Lucas ist es überhaupt kein Problem, dass er hier der einzige Blinde ist. Gern erklärt er den anderen Minimännern, wie er die Dinge erlebt, und beantwortet all ihre Fragen, beispielsweise warum er überhaupt blind ist oder warum er eine Brille trägt. Manchmal hört Lucas nachmittags auch Musik mit seinem Plextalk PCP1 oder spielt mit Jan Flugzeugpilot. Bei gutem Wetter ist er oft im Garten, fühlt, ob die Pflanzen in seinem Beet schon etwas gewachsen sind, spielt mit seinem Bruder auf der Wiese oder schaukelt auf einer alten Schaukel, die am hinteren Ende des Gartens steht.

Lucas hat viele Hobbys: Er geht sehr gerne zum Klettern und traut sich mittlerweile jede Klettertour in der Halle zu. Aber am liebsten reitet Lucas. Dann fährt er mit seiner Mutter nach Dinslaken, zieht Helm, Reithose und Reitstiefel an und gibt seinem Lieblingspferd Luna zur Begrüßung ein

altes, hartes Brötchen. Wenn er auf dem Pferderücken sitzt, fühlt er sich richtig wohl und findet es schön warm und weich. Die Stute wird von seiner Reitlehrerin an der Longe geführt. Lucas mag es, wenn er richtig schnell ist und galoppiert deswegen häufig auf dem Platz. Er ruft dann: »Galopp«, drückt die Beine etwas fester an den Pferderücken und schon geht's los. Aber gefallen ist er auch schon mal und hat sich dabei ziemlich verletzt. Abgeschreckt hat es ihn trotzdem nicht.

Überhaupt ist Lucas ein sehr mutiges Kind. Er möchte gerne einmal um die Welt segeln, auf die höchsten Berge klettern und Fallschirmspringen oder Bungee-Jumping machen. Selbst seine Eltern staunen über die ungewöhnlichen Wünsche ihres Sohnes und gestehen, dass sie selbst nicht so mutig sind. Tauchen steht auf Lucas' Wunschliste ganz weit oben. Schnorcheln kennt er, aber richtig reizen würde ihn ein Tauchgang tief im Meer mit Sauerstoffflasche. Er erklärt: »Ich möchte wissen, wie sich die Welt unter Wasser anhört und vor allem wie sich Schwerelosigkeit anfühlt.« Das konnte er allerdings auch schon vor Kurzem beim **Bodyflying** ausprobie-

Lucas nimmt seinen Bruder Jan gerne mit auf das Pferd.

ren: »Beim Bodyflying bist du in einem Windkanal und der Luftstrom ist so stark, dass man fliegen kann. Du legst dich auf den Boden und der Trainer hält dich an den Händen. Und wenn der Luftstrom stark ist, muss man alle Muskeln anspannen und dann schwebt man einfach im Wind. Das fühlt sich ganz toll an, wenn die Luft an der Haut vorbeizischt.«

Fernsehschauen findet Lucas gar nicht spannend, aber ins Kino geht er gerne. »Harry Potter« hat ihn auch im Kino begeistert, aber seine Mutter fand den Kinobesuch ziemlich anstrengend. Sie musste Lucas alle Bilder beschreiben, die nicht durch die Geräusche oder die Sprache einzuordnen waren.

Im nächsten Schuljahr wird Lucas zusammen mit seinem besten Freund Micky auf ein Internat für blinde und sehgeschädigte Kinder gehen. Von Sonntagnachmittag bis Freitag werden sie im Internat wohnen und am Wochenende nach Hause fahren. Die beiden Jungen waren schon für eine Probewoche dort. Damit sie das Internat besser kennenlernen konnten, durften sie überall mitmachen, mussten aber auch einen Test in den Hauptfächern bestehen. Lucas ist ziemlich stolz, dass er angenommen

wurde und alles richtig gut geschafft hat. Er und Micky wollen sich dann ein Zweibettzimmer teilen und freuen sich besonders auf die zahlreichen Sportangebote. Sie können hier Jiu-Jitsu lernen, Blindenfußball spielen, reiten und schwimmen. Lucas hat sich vorgenommen, auf jeden Fall einen Realschulabschluss zu machen, aber am liebsten das Abitur.

Denn einen Berufswunsch hat er auch schon: Er träumt davon, Haftrichter zu werden und in Gerichtsverhandlungen die Urteile zu verkünden. Auf diese Idee ist er gekommen, weil er das häufiger bei Gerichtssendungen gehört hat und sich den Beruf interessant vorstellt.

Wie findet sich Lucas auf der Straße zurecht?

Jetzt möchten wir noch wissen, wie sich Lucas draußen auf der Straße bewegt, und wollen mit ihm einen Spaziergang machen. Seine Eltern haben sich sehr stark dafür eingesetzt, dass Lucas schon mit fünf Jahren das sogenannte Orientierungs- und Mobilitätstraining hatte. Hier lernte er mit einer Trainerin den Umgang mit dem Blindenstock und wichtige Regeln für das Verhalten im Straßenverkehr kennen. Als wir Lucas nach draußen folgen, beobachten wir, wie sicher und schnell Lucas die steile Eingangstreppe hinunterläuft und den Wagen seiner Mutter öffnet, um seinen Blindenstock aus dem Kofferraum zu holen.

Er nimmt ihn in die rechte Hand und geht sofort los. Am vorderen Ende ist eine rollende Kugel angebracht, mit der Lucas den Boden abtastet. Die Kugel hat immer Bodenkontakt und Lucas spürt Unebenheiten, Kanten oder größere Hindernisse, wenn er sie mit dem Stock berührt. Geschickt weicht er Bäumen, Zäunen und Laternenpfählen aus, und als wir uns einer Seitenstraße nähern, sind wir sehr gespannt, wie sich Lucas verhält. Ungefähr anderthalb Meter vor der Bürgersteigkante berührt der Blindenstock den Bordstein. Sofort geht Lucas langsamer und sein Körper nimmt eine aufrechtere Haltung an. Er tastet sich langsam vorwärts und bleibt kurz vor dem Bordstein stehen. Jetzt geht er ganz leicht in die Knie und wir sehen ihm seine angespannte Aufmerksamkeit richtig an. »Lucas ist jetzt voll konzentriert«, erklärt uns Tanja Roth. »Er darf erst gehen, wenn er absolut sicher ist, dass er kein nahes Auto mehr hört. Das dauert manchmal etwas länger, ist aber für

blinde Menschen die einzige Möglichkeit, allein sicher über die Straße zu gelangen.« Erst als es wirklich ganz still ist, läuft Lucas vorsichtig weiter.

Als wir uns von Lucas und seiner Familie verabschieden, merken wir, dass wir an diesem Nachmittag viel gelernt haben. Die technischen Hilfsmittel, die Blinde heute nutzen können, haben uns beeindruckt, aber am allermeisten sind wir von Lucas' Abenteuerlust und seinem Mut begeistert, mit denen er die Welt entdecken und erleben möchte.

Die meisten blinden Menschen können sehr gut riechen, hören, fühlen und schmecken. Als wir Lucas fragen, wie es bei ihm ist, erzählt er lachend: «Ich kann auch richtig gut riechen. Das weiß auch meine Sportlehrerin. Als neulich ein T-Shirt in der Umkleidekabine lag und sie nicht wusste, wem es gehört, hat sie es mir einfach unter die Nase gehalten. Ich konnte ihr sofort sagen, von wem es ist.»

Landesarbeits-
gericht
Düsseldorf

Wie läuft ein Gerichts- verfahren ab?

Wenn ihr einen heftigen Streit habt, beklaut, verletzt oder ungerecht behandelt worden seid, könnt ihr euch an ein Gericht wenden. In einer Gerichtsverhandlung wird der Fall mit allen Beteiligten besprochen. Danach entscheidet der Richter, ob gegen ein Gesetz verstoßen wurde, und verkündet ein Urteil. Hierin legt er eine Strafe fest oder bestimmt, wie der Schaden wiedergutzumachen ist. Damit wir uns die Arbeit eines Richters und den Ablauf einer Verhandlung besser vorstellen können, haben wir beim Landesarbeitsgericht in Düsseldorf angefragt. Und tatsächlich ... uns wurde die Tür zum Sitzungssaal 107 geöffnet und wir durften dem Fall Paula K. von Anfang an beiwohnen.

Sämtliche Fälle, die zu einem Landesarbeitsgericht kommen, sind vorher bei einem Arbeitsgericht verhandelt worden. Denn dieses Gericht ist bei Streitfragen um den Arbeitsplatz immer die erste Stelle, an die sich die Arbeitgeber, also die Chefs, und die Arbeitnehmer, die Mitarbeiter, wenden müssen. Wenn eine der beiden Parteien, so werden die beiden Seiten genannt, mit dem Urteil des Arbeitsgerichts nicht einverstanden ist, können sie beim Landesarbeitsgericht in Berufung gehen. Hier werden dann noch einmal alle Aussagen und Beweise geprüft und neu bewertet. Danach kann der zuständige Richter das Urteil bestätigen, also die Berufung zurückweisen, oder ein neues Urteil verkünden.

Am Landesarbeitsgericht Düsseldorf werden die Berufungsverfahren von neun Arbeitsgerichten bearbeitet. Das Landesarbeitsgericht selbst besteht aus 17 Kammern. Jede Kammer hat einen fest angestellten vorsitzenden Richter und zwei ehrenamtliche Richter, die für jeden Sitzungstag neu ausgewählt werden. Hierfür stehen über 240 ehrenamtliche Richter, auch Beisitzer genannt, zur Verfügung.

Einer der Richter kommt immer von der Arbeitnehmerseite, der andere von der Seite der Arbeitgeber. Während der Vorsitzende Richter schon an allen vorbereitenden Schritten des Verfahrens beteiligt ist, kommen die ehrenamtlichen Richter erst zur Verhandlung ins Gericht. Bei der Verhandlung befragt der vorsitzende Richter alle Beteiligten und überprüft ihre Aussagen. Durch gezielte Fragen versucht er, alle wichtigen Einzelheiten herauszufinden, und beleuchtet den Fall von allen Seiten. Danach berät er sich mit seinen Beisitzern. Gemeinsam beschließen sie das Urteil, das dann im Sitzungssaal vom vorsitzenden Richter verlesen wird.

Der Fall Paula K.

Um den Ablauf eines Gerichtsverfahrens besser zu verstehen, haben wir uns das an dem Fall Paula K. von Anfang an Schritt für Schritt angeschaut. Paula K. ist 21 Jahre alt und hat vor anderthalb Jahren eine Ausbildung als Bäckerin angefangen. Vor einigen Wochen hat ihr der Chef fristlos gekündigt und wollte das Ausbildungsverhältnis sofort beenden. Er begründet seine Kündigung damit, dass Paula zweimal ohne Entschuldigung gefehlt hat und außerdem dreimal zu spät zur Arbeit gekommen ist.

Paula war damit nicht einverstanden und legte beim Arbeitsgericht eine Klage gegen die fristlose Kündigung ein. Daraufhin schickte das Gericht eine Kopie dieser Klage an den Chef von Paula K., Herrn Mehner. Dieser erklärte die Gründe für seine Kündigung in einem Brief. Nachdem der Richter beide Schreiben und die Situation genau geprüft hatte, setzte er den ersten Gerichtstermin fest.

Bei diesem Termin, der auch Gütetermin heißt, treffen sich der Richter, der Kläger, also Paula, und der Angeklagte, ihr Arbeitgeber, und versuchen, im Gespräch eine friedliche Lösung zu finden. Das war bei Paula und ihrem Chef leider nicht möglich, sodass der Richter einen zweiten Termin, den Kammertermin, festsetzen musste. Hier waren neben dem vorsitzenden Richter auch die ehrenamtlichen Richter als Berater dabei. Paulas Chef beteuerte, dass er Paula schon häufiger wegen der Verspätungen ermahnt habe und dass er unentschuldigtes Fehlen in der Backstube nicht dulden könne. Paula entschuldigte sich und versuchte, ihr Verhalten zu erklären. Nachdem beide Seiten ihre Sichtweise dargestellt hatten, zogen sich die

Richter zur Urteilsfindung zurück. Kurz darauf verkündete der Arbeitsrichter, dass die Kündigung unwirksam sei. Er begründete seine Entscheidung damit, dass Paulas Verhalten zwar nicht richtig war, aber für eine fristlose Kündigung nicht ausreiche.

Herr Mehner konnte die Entscheidung nicht nachvollziehen und legte nun zwei Wochen später Berufung gegen das Urteil beim Landesarbeitsgericht in Düsseldorf ein. Dort wurde sein Antrag der fünften Kammer zugewiesen. Ihr Vorsitzender Richter, Herr Wulfhard Göttling, übersandte das Berufungsschreiben an Paula K. und forderte sie auf, sich zu den Beschuldigungen des Chefs zu äußern. Über seine Mitarbeiterin, Frau Lindner, ließ der Richter die Akte aus dem Arbeitsgericht kommen und studierte die Unterlagen. Da Herr Mehner in seiner Berufungsschrift einen Zeugen nannte, der weitere Verspätungen von Paula K. bestätigen würde, setzte Herr Göttling einen Termin für die Berufung fest.

Die Berufung

Am Verhandlungstag kamen Paula K. und Herr Mehner mit ihren Anwälten zum Gericht. Am Eingang des Gebäudes wurden sie zuerst von Polizeibeamten kontrolliert. Sie mussten sich anmelden, ihren Personalausweis vorzeigen und wurden auf Waffen und andere spitze Gegenstände untersucht. Ihre Taschen wurden mit einem speziellen Röntgengerät durchleuchtet. Erst dann durften sie das Gebäude betreten.

Im Flur konnten sie auf einer großen Anzeigetafel unter der Decke ablesen, dass ihre Verhandlung im Saal 107 stattfinden würde. Im Gerichtssaal nahm Paula K. mit ihrem Rechtsanwalt Herrn Schlüter auf der rechten Seite Platz und Herr Mehner und seine Anwältin Frau Irmler setzten sich an den linken Tisch. Als auch Frau Lindner für das Protokoll vor ihrem Computer saß, ging eine kleine unscheinbare Tür an der Kopfseite des Saals auf. Sofort standen alle Anwesenden auf. Herr Göttling betrat mit den ehrenamtlichen Richtern Herrn Gerd Mager und Herrn Wolfgang Schmitz den Saal. Der vorsitzende Richter trug eine schwarze Robe mit einem großen Samtkragen, ein weißes Hemd und eine weiße Krawatte, während die

Wolfgang Schmitz und Gerd Mager sitzen als ehrenamtliche Richter rechts und links vom Vorsitzenden Richter Wulfhard Göttling. Vor dem Richterpult sitzt Katrin Lindner und führt das Protokoll.

beiden anderen Richter normale Anzüge anhatten. Ein Vorsitzender Richter muss bei Gericht als Dienstkleidung seine Robe tragen, genauso wie die Rechtsanwälte eine schlichte schwarze Robe anhaben sollten.

Nach der Begrüßung nahmen alle im Saal Platz. Im hinteren Teil des Raums saßen drei Zuschauer, die bei der Verhandlung zuhören wollten. Das ist nicht ungewöhnlich, da bei öffentlichen Verhandlungen häufiger interessierte Zuhörer oder Journalisten einen Prozess verfolgen.

Richter Göttling eröffnete die Verhandlung mit den Worten: »Es erscheinen die Klägerin Paula K. und Herr Rechtsanwalt Schlüter sowie der Beklagte Herr Mehner und Frau Rechtsanwältin Irmler.« Danach wurden alle Schriftstücke mit Eingangsdatum genannt und anschließend hieß es: »Die Parteien verhandeln zur Sache.«

Im weiteren Verlauf ließ sich der Richter die Fehltage und Verspätungen noch einmal von Paulas Chef erklären und rief danach den Zeugen auf. Es war ein Geselle aus der Backstube, der sich aber nicht mehr genau an die Verspätungen erinnern konnte und auch keine Notizen dazu hatte. Paula regte sich ziemlich auf und fand das Verhalten von Herrn Mehner überhaupt nicht vorbildlich.

Nach einigen weiteren Fragen war Herrn Göttling klar, dass es kein vernünftiges Ausbildungsverhältnis mehr geben würde. Er schlug einen Vergleich vor. Das ist eine gütliche Einigung, also ein Kompromiss, mit der beide Parteien einverstanden sein müssen. Da beide Seiten zustimmten, zog er sich mit seinen Beisitzern zur Beratung zurück. Als die Richter in den Saal zurückkehrten, erhoben sich alle Anwesenden. Herr Göttling schlug vor, das Ausbildungsverhältnis einvernehmlich aufzulösen. Er begründete seinen Vorschlag damit, dass die Meinungsverschiedenheiten von Paula K. und Herrn Mehner zu groß seien und dass es kein ausreichendes Vertrauensverhältnis mehr zwischen ihnen geben würde. Herr Mehner war sofort einverstanden und Paulas Rechtsanwalt erklärte, dass seine Mandantin einwilligen würde, da sie bereits eine neue Lehrstelle in Aussicht hätte. Deswegen würde sie allerdings auf ein gutes Zeugnis und eine Abfindung von 400 Euro bestehen. Hierüber war Herr Mehner etwas aufgebracht, aber nach einem kurzen Gespräch mit seiner Anwältin nickte er zustimmend.

Schließlich verlas der Richter den Vergleich: »Beide Parteien sind sich einig, dass das Ausbildungsverhältnis zum 31.12. einvernehmlich aufgelöst wird. Herr Mehner wird Paula K. ein wohlwollend formuliertes Zeugnis erteilen und ihr eine Abfindung von 400 Euro zahlen.« Danach setzte der Richter noch den Streitwert auf 2400 Euro fest. Bei einem Vergleich müssen das die Parteien zwar nicht bezahlen, aber die Rechtsanwälte bemessen die Gebühren für ihre Arbeit danach. Frau Lindner, die den diktierten Vergleich mitgeschrieben hatte, las zur Sicherheit noch einmal alles vor. Wieder mussten beide Seiten zustimmen. Damit war die Verhandlung geschlossen und die Richter verabschiedeten sich. Die beiden Rechtsanwälte packten ihre Roben in ihre Aktenkoffer zurück und verließen mit ihren Mandanten den Saal. Im Geschäftszimmer der fünften Kammer vervollständigte Frau Lindner später das Protokoll und schickte es den Anwälten zu. Jetzt war das Verfahren beim Landesarbeitsgericht erledigt und die Akte Paula K. konnte im Archiv verschlossen werden.

Müllsortierungs-anlage DOWERT

Wie unterscheidet eine Müllsortierungsanlage zwischen Joghurtbecher, Konservendose und einer Plastikfigur?

Wir stehen in Dortmund vor dem großen, geöffneten Hallentor der Müllsortierungsanlage DOWERT. Es ist hier ziemlich laut und stinkt etwas unangenehm. Alle paar Minuten kommt ein voll beladener Lkw über den Hof gefahren und verschwindet durch das Tor in der Halle, um seinen Müll abzuladen. Alles wird zunächst auf einem großen Haufen geschüttet. Aber wie wird es später sortiert? Wie können die Maschinen die unterschiedlichen Wertstoffe erkennen und auseinandersortieren?

Menschen haben schon immer Müll produziert. Aber erst mit der Entdeckung von Plastik wurde er zu einem richtigen Problem. Fast alles wurde in **Kunststoff** verpackt, oft in Einwegverpackungen, und schnell türmten sich die Müllberge richtig hoch. Mittlerweile hinterlässt jeder Deutsche mehr als 450 Kilogramm Müll pro Jahr. Das sind 90 große Waschmaschinen voll. Um die riesigen Müllmengen zu verkleinern, versucht man, **Wertstoffe** auszusortieren und wiederzuverwerten. Wertstoffe sind Materialien, die später wieder zu etwas Neuem verarbeitet werden können. Hierzu gehören beispielsweise Glasflaschen, Zeitungen, Getränkekartons, Joghurtbecher, CDs, Konservendosen und Kunststoffverpackungen. Aus alten Zeitungen entstehen Malblöcke, neue Zeitungen oder Schulhefte und ein Joghurtbecher wird vielleicht mal eine CD-Hülle, ein Kleiderbügel oder ein Gartentisch.

Seit 1990 gibt es das duale System, das ihr bestimmt als den Grünen Punkt kennt. Der Müll mit dem Grünen Punkt wird getrennt gesammelt und später zu neuen Produkten weiterverarbeitet oder als Ersatzbrennstoff an Kraftwerke geliefert. Da aber nur Verpackungen den Grünen Punkt haben, wanderten den Experten immer noch zu viele andere Wertstoffe in den Restmüll. Sie entwickelten die Wertstofftonne, in die zusätzlich alle Metalle, sämtliche Kunststoffarten und ausgediente Elektrokleingeräte gehören. Das bedeutet, dass hier neben dem Müll mit dem »Grünen Punkt« auch Töpfe, CDs, DVDs, Plastikschüsseln, Zahnbürsten, Handys, Bügeleisen und sogar Plastikspielzeuge wie Autos oder Badeenten landen.

Welche unterschiedlichen Wege der Müll aus der Dortmunder Wertstoff-

tonne in der Sortieranlage DOWERT zurücklegt, schauen wir uns anhand eines Joghurtbechers, einer kleinen Konservendose, einer Plastikfigur und einer CD mal ganz genau an. Diese Sachen haben wir als Testmüll in einen Müllwagen geworfen. Jetzt folgen wir dem Wagen in die Halle. Überall sind Maschinen und Container aufgestellt, die Maschinen rattern und es stinkt, denn die Wertstoffe werden aus den Säcken geholt, zerkleinert, erkannt und sortiert. Und das am laufenden Band. Über 860 Meter Fließband verbinden die unterschiedlichen Stationen der Sortieranlage und liefern pausenlos Nachschub.

Der Sortiergreifer packt eine Ladung Müll auf den Aufgabedosierer.

Blick ins drehende Trommelsieb, vorne sind die kleineren Löcher deutlich zu erkennen.

Der Lkw kippt seine Ladung im Eingangslager ab. Hier stapeln sich die Müllsäcke mehrere Meter hoch. Nach jeder neuen Anlieferung schiebt ein Bagger mit einer riesigen Schaufel, ein sogenannter Radlader, die Säcke enger und höher zusammen. Drei Meter weiter greift sich ein anderer Bagger mit einem fünfarmigen Sortiergreifer wie ein Krake eine Schaufel Müll und lässt sie auf den Aufgabedosierer fallen. Diese Maschine hat lockere Bodenplatten, die sich auf und ab bewegen und den Müll auf einem Förderband gleichmäßig verteilen, das das Material zum Sackaufreißer hochbefördert. Wie der Name schon vermuten lässt, reißt der Sackaufreißer tatsächlich die Müllsäcke auf. Wenn der Müll auf dem Band unter der Trommel mit den spitzen Greifzähnen vorbeistreift,

werden fast alle Säcke erfasst und aufgeschlitzt. Aluminiumdeckel, Shampooflaschen, Rasierer, Käseverpackungen, Saftkartons, Einkaufstüten, Plastikteile und etliche Plastikbecher verteilen sich über das Band und werden weiter zu einem Trommelsieb befördert. Auch unser Testmüll wandert zum Trommelsieb.

Das Trommelsieb könnt ihr euch wie eine riesige, fast zwölf Meter lange und drei Meter hohe, röhrenförmige Waschmaschinentrommel vorstellen. Wie bei einer Waschmaschine ist auch die Wand des Trommelsiebs durchlöchert, allerdings mit unterschiedlich großen Löchern. Am Anfang der Röhre gibt es kleine Löcher, in der Mitte etwas größere und am hinteren Ende sind die größten Löcher. Wenn der Müll vom Förderband in die Dreh-

Nebeneinander sausen Feinkorn und Mittelkorn über die Förderbänder.

trommel gelangt, werden die einzelnen Teile wie in einer Waschmaschine umgewälzt. Kleine Müllteile und Krümel rutschen durch die kleinen Löcher und fallen als Feinkorn auf das nächste Förderband. Genauso ist es auch mit den mittelgroßen Teilen, die als Mittelkorn auf ein gesondertes Band kommen, und mit dem Grobkorn, das nur Teile enthält, die größer als 27 cm sind.

Dieses Grobkorn wird auf dem Förderband zum sogenannten Windsichter gebracht. Das ist eine Metallkonstruktion, die wie eine gewaltige Dunstabzugshaube über dem Band hängt. Der Müll wird von unten angeblasen und alle leichten Folien werden nach

oben abgesaugt. Über meterlange Metallrohre, die unter der Hallendecke verlaufen, gelangen sie in den Foliencontainer und stehen zur Abholung bereit. Das restliche Grobkorn gelangt in eine Sortierkabine. In diesem abgetrennten Raum sortieren Mitarbeiter Elektroschrott und CDs von Hand aus. Auch unsere CD wird vom Band gefischt und landet in einem Container zwischen Haartrocknern, Mixern und Töpfen.

Das Mittelkorn läuft zuerst auch auf einem Band unter einem Windsichter her. Kleinere Folien werden hochgesogen und maschinell zerkleinert. Als Schnipsel werden sie in einem Bunker gelagert und später als Ersatzbrennstoff verwertet. Das übrige Mittelkorn wird danach wieder mit dem Feinkorn zusammengeführt.

Das Feinkorn ist für die Windsichtung zu leicht, deswegen wird dieser Schritt ausgelassen. Jetzt laufen Fein- und Mittelkorn gemeinsam unter einem

Überbandmagnetabscheider durch. Das hört sich schwierig an, ist aber nur ein kräftiger Magnet, der in Sekundenschnelle alle eisenhaltigen Teile, wie unsere kleine Konservendose, anzieht und vom restlichen Müll trennt. Diese Metalle kommen dann später zur Schrottverwertung.

Anschließend kommt der Müll zu einer Anlage, die von den Fachleuten als **Ballistikseparator** bezeichnet wird.

Am oberen Bildrand ist der große dunkle Überbandmagnetabscheider zu erkennen, der alle Metallteile anzieht.

Mit verschiedenen Schüttel- und Rüttelbewegungen werden alle Teilchen, die kleiner als 3,5 cm sind, ausgesiebt und wandern auf einem Band in den Container für Restmüll, der in Müllheizkraftwerken verwertet wird. Die größeren Teile gelangen zu einer zischenden und blinkenden Maschine. Auch der Joghurtbecher und die Plastikfigur sind dabei. Die Maschine, der **Multi-Sensor-Trenner,** ist das Herzstück der Sortieranlage. Sie arbeitet mit **Infrarotlicht.** Das ist ein besonderes Licht, das von den Müllteilen unterschiedlich zurückgeworfen wird. Dadurch weiß der Trenner, ob gerade ein Getränkekarton oder ein Aluminiumdeckel unter seinem Lichtstrahl vorbeisaust. Der Trenner kennt die unterschiedlichen Stoffe so genau, dass er sogar zwischen den Kunststoffen unseres Joghurtbechers und der Figur unterscheiden kann.

Mithilfe von Druckluft pustet er das erkannte Teil in hohem Bogen auf eines der Förderbänder. So werden alle wiederverwertbaren Stoffe aussortiert. Später werden sie entweder von einem Recyclingunternehmen abgeholt oder als Ersatzbrennstoff in einem Kraftwerk verwendet. Der Müll, der bis jetzt nicht aussortiert worden ist, wird als Restmüll für ein Müllheizkraftwerk bereitgestellt.

Als wir die Sortierungsanlage verlassen, nehmen wir uns angesichts der riesigen Müllmengen vor, weniger Müll zu produzieren, und sind immer noch erstaunt, wie schnell und genau die Maschinen die unterschiedlichen Müllteile erkannt und getrennt haben.

Polizeifliegerstaffel
Nordrhein-Westfalen

Was passiert bei einem Polizeihubschrauber-Einsatz?

Wir sind am Düsseldorfer Flughafen und stehen vor einem fest verschlossenen, grün lackierten Gittertor. Nur ein Schild mit der Aufschrift »Polizeifliegerstaffel NRW« verrät, dass hier die Polizeihubschrauber stationiert sind, denn sehen oder hören können wir die Helikopter bis jetzt noch nicht. Durch die Gitterstäbe sind lediglich eine lange Halle und ein flaches Bürogebäude zu erkennen. Gespannt warten wir darauf, dass sich das Tor öffnet, denn wir sind hier mit den beiden Einsatzpiloten Stefan Hitzke und Polly Schumacher verabredet. Sie wollen uns von ihrer Arbeit und ihren Einsätzen mit dem Polizeihubschrauber erzählen und uns auf einen kurzen Kontrollflug mitnehmen.

Neben dem Gittertor steht eine Säule mit einer Kamera und einer Sprechanlage. Nachdem wir einem Polizeibeamten erklärt haben, dass wir mit

den beiden Piloten verabredet sind, öffnet sich das Tor automatisch. Stefan Hitzke und Polly Schumacher begrüßen uns am Eingang des Bürogebäudes. Die beiden Piloten haben einen grau-schwarzen Fliegeranzug und schwere schwarze Boots an. Beidseitig tragen sie je einen Schultergurt mit einer Waffe. »So sind wir immer sofort einsatzbereit«, erklärt Stefan Hitzke. »Wenn eine Alarmmeldung bei unserer Zentrale eingeht, setzen wir nur noch den Helm auf, schnappen uns das Bordbuch und sind innerhalb von wenigen Minuten in der Luft. Die Helikopter stehen nämlich vollgetankt und startklar vor ihrer Halle auf dem Platz.«

Zuerst wollen wir wissen, wie viele Hubschrauber es hier gibt. Wir erfahren, dass in Deutschland fast jedes Bundesland seine eigene Polizei und somit auch seine eigene Fliegerstaffel hat. Zur Fliegerstaffel in Nordrhein-Westfalen gehören zwei kleine Flugzeuge und sieben Hubschrauber. Für den Transport von Spezialeinheiten sind zwei Hubschrauber vom Typ EC 155 zuständig, die anderen Einsätze werden von fünf modern ausgestatteten Hubschraubern des Typs BK 117 geflogen.

Polly Schumacher erklärt uns, wofür die Hubschrauber genau eingesetzt werden: »Mehrmals in der Woche fliegen wir los, um nach vermissten Personen zu suchen. Das können verwirrte ältere Menschen sein, die sich verlaufen haben, aber häufig sind es auch Kinder, die in ihr Spiel vertieft die Zeit vergessen haben und durch Wälder, Wiesen und Felder streifen. Die Kinder wundern sich dann häufig, wenn wir neben ihnen mit einem Polizeihubschrauber landen.« Auch die Suche nach Straftätern, die Aufnahme von Beweisfotos oder Videos aus der Luft und die Beobachtung des Straßenverkehrs gehören zu den Auf-

gaben der Einsatzpiloten. Manchmal müssen sie auch Unfallstellen aus der Luft fotografieren oder vermessen. Herr Schumacher war beispielsweise der Erste, der 2009 Bilder vom eingestürzten Stadtarchiv in Köln lieferte.

Der Hangar

Um die Hubschrauber von Nahem zu sehen, folgen wir den beiden Piloten durch das Bürogebäude bis zu einer dunklen Stahltür, die direkt zum Hangar führt. So wird die »Garage« für Hubschrauber und Flugzeuge genannt. An der Tür gibt es ein Hinweisschild, auf dem steht: »Bordbuch mitgenommen?« Das ist wichtig, denn in dieses Buch tragen die Piloten alle Einzelheiten ihres Fluges ein.

Wir drücken die schwere Metalltür auf und betreten eine große, lang gezogene Halle. Staunend blicken wir uns um. Auf der rechten Seite steht ein graugrüner, großer Transporthubschrauber. Seine Kabinentür ist weit geöffnet und wir können tief in den Bauch des Hubschraubers schauen. Er ist ganz schön geräumig und bietet viel Platz. Auf der anderen Seite stehen zwei Hubschrauber vom Typ BK 117. Die

Die Einsatzpiloten Stefan Hitzke und Polly Schumacher vor dem Hubschrauber BK 117

Mit einem Schleppwagen wird der Hubschrauber aus der Halle auf den Platz gezogen.

großen aufgezogenen Schiebetüren auf der gegenüberliegenden Hallenseite geben den Blick auf den Platz vor der Halle frei. Das ist der Platz, von dem aus die Hubschrauber direkt senkrecht in die Luft starten.

Wir gehen zu einer BK 117 hinüber. Die vier langen Blätter des Hauptrotors ragen weit über den Helikopter hinaus. Am hinteren Ende, auch Heck genannt, sitzt der kleine, zweiblättrige Heckrotor. An den Seiten hat der weiße Hubschrauber zwei grüne Streifen und trägt die Aufschrift Polizei in fetten Großbuchstaben. Die Heckklappe und zwei Stabilisierungsflächen am Ende des Hecks sind auffallend signalrot lackiert. Auf den Kabinentüren ist das Wappen von NRW abgebildet, damit der Hubschrauber auch von Weitem zugeordnet werden kann. Er besitzt keine Räder, sondern

Kufen, wie ihr sie von einem Schlitten kennt. Deswegen kann er bei Einsätzen auch auf sumpfigem, weichem Untergrund landen, ohne einzusinken.

Damit der Helikopter aus dem Hangar gezogen werden kann, steht er auf einem riesigen, gelben Rollbrett. Stefan Hitzke befestigt das Rollbrett an einem kleinen Schleppwagen und zieht den Hubschrauber vorsichtig auf den Platz. Die Cockpittür geht nach vorne auf und gespannt werfen wir einen Blick hinein: Es gibt zwei Pilotensitze mit Hosenträgergurten und jede Menge Instrumente, Kontrollleuchten, Hebel, Schalter, Knöpfe und Sicherungen. Außerdem gibt es an jedem Sitz einen seitlichen Hebel, Fußpedale und einen Steuerknüppel, der mittig vor dem Sitz in die Luft ragt. Fragend wenden wir uns an die beiden Piloten.

Zuerst erklären sie uns, dass der Hubschrauberpilot immer rechts sitzt und
der Kopilot auf der linken Seite. Die
meisten Hebel und Instrumente sind
allerdings auf beiden Seiten vorhanden, damit beide Piloten den Hubschrauber kontrollieren und steuern
können. Und das ist eine ziemlich
komplizierte Sache!

Um zu verstehen, wie ein Hubschrauber gelenkt wird, müsst ihr wissen,
dass bei einem Helikopter die Flügel
durch Rotorblätter ersetzt werden.
Sie bestehen, ähnlich wie Skier, aus
einem modernen Glasfaserverbund-
werkstoff und sind über ein Lager an
einem Rotorkopf aus Titan befestigt.
Die Maschinen des Hubschraubers
haben über 1600 PS. Das sind doppelt
so viele PS, wie die meisten Formel-1-
Rennwagen heute haben. Wenn die
Maschinenkraft auf den Rotorkopf
übertragen wird, drehen sich die Rotorblätter so schnell, dass ein heftiger
Luftsog entsteht, der dem Helikopter
so viel Auftrieb verleiht, dass er
senkrecht in die Luft steigt.
Zur Steuerung braucht der Pilot jetzt
beide Hände und Füße. Und zwar
gleichzeitig! Mit der linken Hand be-
tätigt er einen Hebel, den sogenannten Pitch. Über ihn wird der Winkel
aller Rotorblätter verstellt und der
Auftrieb erhöht oder vermindert.

Polly Schumacher im Cockpit der BK 117

Dadurch steigt oder sinkt der Hubschrauber. Zwischen den Beinen des
Piloten ist ein langer Steuerknüppel,
der Stick, der mit der rechten Hand
bedient wird. Damit wird der Hubschrauber nach vorne, hinten, links
oder rechts bewegt. Allerdings nicht
über eine Drehbewegung, sondern
über eine Seitwärtsbewegung in die
gewünschte Richtung. Das bedeutet,
der Hubschrauber dreht sich beispielsweise nicht rechtsherum, sondern driftet seitlich nach rechts weg.
Mit den Fußpedalen stellt der Pilot
die Winkel der Rotorblätter am Heck
ein. So wird der Helikopter stabil in
der Luft gehalten. Ohne Heckrotor
würde sich der Hubschrauber nämlich
wie ein Kreisel immer nur um die
eigene Achse drehen und nicht vor-
wärtskommen.

Das Cockpit

Ihr Flugmanöver beobachten die Piloten nicht nur durch die gebogene Frontscheibe ihres Cockpits, auch die Instrumente auf dem Instrumenten-Panel liefern ihnen wichtige Informationen. Für uns sieht das erst einmal komplett verwirrend aus. »In der Mitte sind die Instrumente, die sich auf den Hubschrauber selbst beziehen«, beschreibt Herr Schumacher. Wir erkennen die Tank- und Temperaturanzeigen, den Fahrtenmesser und die Drehzahlmesser für die Triebwerke. »Rechts und links davon befinden sich T-förmig angeordnete Anzeigen, die die Lage des Helikopters im Raum darstellen.« Wir freuen uns, dass wir immerhin den Kompass entdecken. Herr Hitzke erklärt uns außerdem

noch ein besonders spannendes Instrument, das aus einer beweglichen, blau-braunen Halbkugel besteht und künstlicher Horizont genannt wird: »Der blaue Teil soll den Himmel darstellen, der braune Teil die Erde. Wenn wir beispielsweise eine langgezogene Kurve durch eine dichte Wolkendecke fliegen, sehen wir natürlich nichts und können uns auch nicht auf unseren Gleichgewichtssinn verlassen. Dann zeigt uns ein symbolisches Flugzeug auf dem Instrument die Lage des Helikopters im Raum an. Besonders schwierig wird es, wenn die Instrumente etwas anderes anzeigen, als uns unsere Sinne melden. Dann müssen wir sehr kontrolliert handeln und uns nur nach den Instrumenten richten. Das fällt manchmal ganz schön schwer.«

Wir sind schon vom bloßen Hinschauen überfordert und können uns gar nicht vorstellen, dass die Piloten zudem etliche Kontrollleuchten, Sicherungen, Hebel und Knöpfe im Blick haben. Auf unsere Frage, wie sie dabei auch noch nach Personen Ausschau halten können, lässt Herr Hitzke die Schiebetür der Kabine zur Seite gleiten. »Hier sitzt der Operator, der mit modernster Technik die Land-

Im Cockpit gibt es sehr viele verschiedene Instrumente.

schaft unter uns absucht. Wir haben Suchscheinwerfer, Videokameras, Restlichtverstärker und Infrarotkameras, die die Nacht zum Tag machen. Unsere Wärmebildkameras können die kleinsten Temperaturunterschiede feststellen und so vermisste Personen oder warme Automotoren aufspüren.« Wenn die Piloten etwas aus der Luft entdeckt haben, leiten sie ihre Kollegen am Boden zum Fundort. Dabei ist es auch mal vorgekommen, dass ein Streifenwagen vor einem Misthaufen hielt und sich die verdutzten Beamten ziemlich wunderten. »Das war dann eine Tücke der Technik«, lacht Herr Schumacher. »Die Kamera erkennt nur die Wärme, die von einem Gegenstand ausgeht. Zwischen einem Menschen oder einem dampfenden Misthaufen kann sie nicht unterscheiden.« Durch die große Erfahrung der Operatoren kommt so etwas aber nur selten vor.

Endlich setzen wir uns auf die Rückbank in der Kabine, schnallen uns an und setzen einen weißen Helm auf. Jetzt können wir nur noch über das Funkgerät im Helm mit Herrn Hitzke und Herrn Schumacher im Cockpit sprechen, die gerade die Triebwerke des Hubschraubers starten. Sofort ist der ohrenbetäubende Lärm der Rotorblätter zu hören. Die Piloten kontrol-

Der Tower des Düsseldorfer Flughafens

lieren vor dem Start alle Funktionen des Hubschraubers und stellen die Beleuchtung und die Navigationsgeräte an. Dann nehmen sie über Funk Kontakt mit dem Tower des Flughafens auf und bitten um eine Startfreigabe. Kaum ist sie erteilt, steigt die BK 117 senkrecht vom Rollbrett aus in die Luft und fliegt über den Flugplatz zum nahe gelegenen Rhein.

Als wir von oben auf die Wiesen und Felder blicken, wird uns sofort klar, warum sich die Hubschrauber besonders gut für die Suche nach Personen oder Vermessung von bestimmten Stellen eignen. Aus dieser Vogelperspektive erkennt man den kleinsten

Farbtupfer oder die geringste Bewegung in einem Feld oder auf einer Wiese. Zudem kann der Hubschrauber ziemlich tief herunterfliegen und sogar für genaue Beobachtungen in der Luft auf der Stelle stehen bleiben. Oder auch auf dem Wasser. Das konnten die beiden Einsatzpiloten vor einiger Zeit bei einem Rettungsversuch einer Frau aus dem Rhein beweisen. Hierbei suchten sie zunächst die Wasseroberfläche nach Bewegungen ab. Als sie eine Jacke im Wasser entdeckten, senkte Polly Schumacher den Hubschrauber so tief hinab, dass die Kufen ins kalte Wasser tauchten. Herr Hitzke sicherte sich mit einem Gurt an einem stabilen Metallhaken an der Kabinendecke und kletterte vorsichtig auf die Kufen des Helikopters. Über Funk leitete er Herrn Schumacher genau an die richtige Stelle neben der Frau. Jetzt musste die BK

still und fast unbeweglich auf der Stelle verharren, bis Stefan Hitzke die Frau endlich zu fassen bekam. Vorsichtig flogen sie dann zum Ufer. So konnte die Frau gerettet werden.

Nach ihren Einsätzen kehren die Piloten zum Flugplatz zurück und landen punktgenau auf dem Rollbrett vor dem Hangar. Während einer der Piloten alle wichtigen Einzelheiten des Fluges ins Bordbuch einträgt, befüllt der andere Pilot den Tank mit Kerosin. Das ist besonders wichtig, damit der Helikopter für seinen nächsten Einsatz startklar ist. Zum Schluss wird der Hubschrauber wieder in den Hangar geschoben. Wir verabschieden uns und sind immer noch ganz beeindruckt von den vielen Dingen, die ein Hubschrauberpilot bei einem Flug gleichzeitig machen und beobachten muss.

Hinter einer weißen Brandschutztür aus Metall befindet sich die Wartungshalle der Polizeihubschrauber. In genau festgelegten Abständen warten eigene Techniker die Hubschrauber. So findet beispielsweise nach 50 Betriebsstunden ein Ölwechsel statt und nach 600 Betriebsstunden wird der Hubschrauber einmal komplett in all seine Einzelteile zerlegt und wieder zusammengebaut. Diese komplette Überprüfung, bei der auch etliche Teile ausgetauscht werden, findet ungefähr einmal im Jahr statt.

Der Eingang zur
Kometengruppe

Kinder- und
Jugendhilfe
Arenberg

Wie leben Kinder heute im Kinderheim?

Etwas überrascht blicken wir uns auf dem Gelände der »Kinder- und Jugendhilfe Arenberg« in Koblenz um. Ein gelbes und orangefarbenes Haus hätten wir hier nicht erwartet, wohl aber den weißen Altbau, der uns sofort an ein klassisches Kinderheim erinnert. Heute werden in Arenberg ungefähr 50 Kinder und Jugendliche in verschiedenen Gruppen betreut. Wir sind mit einigen Jungen und Mädchen verabredet, die uns von ihrem Alltag im Kinderheim erzählen möchten. Gespannt gehen wir zu einem fröhlich winkenden Mädchen hinüber, das uns an der weit geöffneten Tür des gelben Hauses erwartet.

Das Kinderheim Arenberg wurde vor über 100 Jahren gegründet. Früher lebten hier bis zu 150 Kinder. Sie wurden überwiegend von Nonnen erzogen und ihr Tag verlief nach strengen Regeln. Alle Kinder aßen zusammen in einem riesigen Speisesaal und schliefen in großen Schlafsälen mit

20 bis 30 Betten. Zeit für sich oder ein eigenes Zimmer kannten die sogenannten Waisenkinder nicht. Wenn ein Mädchen aus der Schule entlassen wurde, konnte es in Arenberg eine Ausbildung zur Hauswirtschafterin machen. Die meisten Jungen machten eine landwirtschaftliche Ausbildung.

In den letzten Jahrzehnten hat sich in Kinderheimen sehr viel verändert. Die Kinder werden von Erziehern, Sozialarbeitern und Sozialpädagogen betreut. So ist das auch in Arenberg, das mittlerweile Kinder- und Jugendhilfe Arenberg heißt und Kindern in schwierigen Situationen Schutz und Hilfe anbietet. Hier gibt es Gruppen, in denen die Kinder 365 Tage im Jahr leben. Manche besuchen die Jugendhilfe stundenweise, andere Kinder leben zu Hause und kommen mit ihren Eltern nur zu regelmäßigen Gesprächen hierher oder werden zu Hause besucht. Für Jugendliche gibt es betreute Wohngemeinschaften.

Im Vergleich zu früher gibt es heute nur noch ganz selten Vollwaisen, also Kinder, die keine Eltern mehr haben und deshalb in einem Heim leben müssen. Meist kommen die Kinder hierher, wenn sie aufgrund von Problemen in der Familie besser von ihren Eltern getrennt wohnen und leben. Das kann beispielsweise passieren, wenn sich die Eltern überfordert fühlen, starke seelische Probleme oder schwere Krankheiten haben. Wenn sie den Alltag mit ihren Kindern nicht mehr bewältigen können, kann das Jugendamt mit den Eltern zusammen entscheiden, dass die Kinder nach Arenberg kommen. Bei ihrem ersten Besuch lernen die Kinder und Eltern die Mitarbeiter kennen und können sich das Haus anschauen. Gemeinsam mit den Sozialarbeitern des Jugendamts wird dann nach der besten Lösung gesucht. Auch wenn Kinder dann ins Heim ziehen, bedeutet das nicht, dass sie keinen Kontakt mehr zu ihren Eltern haben. Die Eltern können ihre Kinder zwischendurch besuchen, manchmal fahren die Kinder am Wochenende oder in den Ferien nach Hause. Deswegen wird auch nur noch ganz selten ein Kind zur Adoption freigegeben. Dabei übernehmen die Adoptiveltern die volle Verantwortung für ein Kind.

Soll ein Kind beispielsweise für einen längeren Zeitraum im Heim leben, kommt es in die stationäre Hilfe. Hierzu gehören auch die Sonnengruppe und die Kometengruppe. In der Sonnengruppe leben zurzeit zehn Mädchen in einem eigenen knallgelben Wohnhaus mit ihren Erziehern. Direkt hinter der gläsernen Eingangstür hängt eine große Fotocollage an der Wand, die alle Bewohnerinnen des Hauses zeigt. Im Erdgeschoss sind ein großes Wohnzimmer, ein Essraum, eine Küche und ein Büro für die Erzieher. Heutzutage hat jedes Mädchen ein eigenes Zimmer, die meisten sind im ersten Stockwerk. Im Keller gibt es einen Bandraum, in dem die Kinder richtig laut Musik spielen oder hören können, einen Gruppenraum und einen Bastelraum.

Beim gemeinsamen Mittagessen rund um den großen Esstisch haben wir von Lena erfahren, wie der Tag in der Sonnengruppe aussieht. Sie ist

Gemeinsames Mittagessen in der Sonnengruppe mit der Erzieherin Frau Ingrid Tietjen

zehn Jahre alt und lebt seit fünf Jahren mit ihren beiden älteren Schwestern Janine und Katharina gemeinsam in der Gruppe. Der Alltag der Mädchen in der Sonnengruppe ähnelt in vielen Dingen dem Alltag einer Großfamilie. Lena erzählt, dass jeder aus der Gruppe mal Küchendienst hat, den Tisch decken oder den Müll herausbringen muss. Sie ist wie die meisten Mädchen in der Ganztagsschule und hat erst nach den Hausaufgaben Zeit für ihre Hobbys. Hierzu gehören Fahrrad fahren, lesen und ab und zu auch klettern in der Kletterhalle, die zum Heim gehört. Beim Fernsehen müssen sich die Mädchen, wie in einer großen Familie, absprechen. Bis zum Abendessen dürfen die jüngeren das Programm bestimmen, nach dem Essen gehört der Fernseher den älteren Mädchen.

Wir gehen eine Tür weiter und kommen zum Wohnhaus der Kometengruppe. Sie besteht aus zehn Jungen zwischen neun und sechzehn Jahren. Auch das Wohnhaus der Kometengruppe bietet jedem Jungen sein eigenes Zimmer. Neben den Gemeinschaftsräumen gibt es hier einen zusätzlichen Tanzraum und einen kleinen gemütlichen Raum, in dem eine Spielkonsole steht. Der Alltag verläuft so ähnlich wie in der Sonnengruppe. Die Aufgaben rund um das Essen werden hier genauso verteilt, aber es gibt auch Unterschiede, erklärt Frau Geeb, die Leiterin der Gruppe. Die »KKK-Regel« gehört zum Beispiel dazu. »KKK« bedeutet »kein Körperkontakt« und soll verhindern, dass ein Junge einem anderen zu nahe kommt, ihn anrempelt oder schubst.

Ähnliche Regeln kennt ihr vielleicht aus der Schule, bei dem ein Schüler einem anderen mit einem Handzeichen ein klares »Stopp« vermitteln kann. Felix, der Älteste in der Kometengruppe, erklärt uns das Sozialtraining, bei dem die Kinder beispielsweise lernen, Rücksicht zu nehmen oder den anderen aussprechen zu lassen. Regelmäßig wird mit dem Erzieher der Erfolg überprüft und mit Punkten bewertet. Wenn ein Kind 25 Punkte gesammelt hat, bekommt es eine kleine Belohnung.

Frau Geeb erklärt, dass feste Abläufe und Strukturen für die Kinder besonders wichtig sind, weil sie ihnen Halt im Alltag bieten. Mit klaren Regeln und gemeinsamen Essenszeiten versuchen die Erzieher dies zu unter-

stützen. Deswegen gibt es auf jeden Fall immer ein gemeinsames Abendessen, bei dem alle zusammen am Tisch sitzen und jeder vom Tag erzählen kann. Auch die Einrichtung der Zimmer soll den Kindern eine feste Struktur und Verlässlichkeit vermitteln. Aus diesem Grund haben Bett, Tisch und Schrank in den Zimmern feste Plätze. Alles andere dürfen die Kinder selbst bestimmen und persönlich gestalten. Die älteren Kinder haben auch einen Schlüssel zu ihrer Zimmertür, damit sie ihren persönlichen Bereich abschließen können.

Einmal in der Woche gibt es Gruppengespräche, in denen Kinder und Erzieher besprechen, was gut und was weniger gut gelaufen ist. Hierbei sollen die Kinder erklären, was sie

Kinderzimmer in der Kometengruppe

Die Küche in der Passage

gefreut, gestört oder geärgert hat, ohne einen anderen aus der Gruppe zu beleidigen oder zu verletzen. So lernen sie, über ihre Gefühle und Bedürfnisse zu sprechen oder auch mal jemanden um Entschuldigung zu bitten. Das findet der zwölfjährige Leon manchmal ganz schön schwer, aber hinterher ist er immer froh, dass er den Mut dazu hatte.

Für Jugendliche ab sechzehn Jahren gibt es die Wohngruppe Passage. In dieser Gruppe lernen die Jugendlichen, eigenverantwortlich zu leben und selbstständig einen Haushalt zu führen. Natürlich hat hier jeder sein eigenes Zimmer und eine eigene Waschecke mit Waschbecken, das er selbst putzen muss. In der Gemeinschaftsküche gibt es einen Küchen-

schrank mit kleinen Schranktüren und einen riesigen Kühlschrank mit vielen abschließbaren Fächern. Da in der Wohngruppe jeder Jugendliche für sich selber einkaufen und kochen muss, macht das Sinn. Manchmal gibt es nämlich Streit, wenn sich ein anderer Bewohner etwas von den persönlich gekauften Leckereien oder Süßigkeiten nimmt, ohne vorher zu fragen. Um sich auf ein selbstständiges Leben in eigener Wohnung oder Wohngemeinschaft vorzubereiten, bekommen die Jugendlichen auch

Haushaltsgeld für ihre Einkäufe zugeteilt. Jana ist siebzehn und wohnt erst seit drei Wochen hier. Stolz zeigt sie den neuen grünen Teppich in ihrem Zimmer, den sie sich gerade selbst gekauft hat. Den Schritt in die Selbstständigkeit findet Jana richtig gut. Sie schätzt es, dass immer ein Betreuer da ist, der bei Fragen und Problemen hilft. Und wenn sie nicht für sich alleine kochen und essen möchte, finden sich immer zwei oder drei Jugendliche aus der Gruppe, die dann zusammen kochen.

Die Dinogruppe ist die vierte stationäre Gruppe. Sie bietet Kindern und Jugendlichen in akuten Krisen Hilfe, Schutz und eine Unterkunft. Oft ist die Lage für diese Kinder zu Hause so belastend und manchmal auch gefährlich, dass das Jugendamt oder die Polizei sehr kurzfristig entscheiden, die Kinder von ihren Familien zu trennen. Sie werden dann in Obhut genommen. Die Kinder sind teilweise einige Wochen in der Gruppe, manchmal aber auch nur einige Stunden. Immer so lange, bis eine gute Lösung, beispielsweise eine Pflegefamilie, für das Kind gefunden wird. Da die seelische Belastung der Kinder oft sehr groß ist und sie viele Probleme haben, sind hier persönliche Gespräche mit Betreuern, Therapeuten,

Psychologen und Ärzten besonders wichtig.

Neben diesen Gruppen gibt es auch vier Tagesgruppen, in denen die Kinder nach der Schule noch einige Stunden des Tages verbringen. Sie machen hier ihre Hausaufgaben und werden bei der Bewältigung ihrer Schwierigkeiten besonders gefördert. Die Tagesgruppen unterstützen Familien bei der Erziehung und beraten die Eltern. Es finden regelmäßig Gespräche statt. In der Freizeit sind die Kinder oft draußen im Wald, auf Abenteuerspielplätzen oder in der Kletterhalle. Auch hier versuchen die Betreuer, mit dem Sozialtraining und besonderen Antigewalttrainings den Kindern ein friedliches, offenes Miteinander zu vermitteln. Abends werden die Kinder wieder nach Hause gefahren.

Auch Kinder, die in ihren Familien leben oder nach einem Heimaufenthalt dorthin zurück- oder in eine eigene Wohnung gehen, werden bei Problemen von der Kinder- und Jugendhilfe mit Beratungen und Besuchen unterstützt. Sowohl Kinder und Jugendliche als auch ihre Eltern dürfen sich jederzeit an die Betreuer wenden und sich Hilfe holen.

Heute ist ein Kinderheim also nicht mehr ein Haus mit großen Speise-

und Schlafsälen, in denen viele elternlose Kinder leben, sondern eine Einrichtung, die mit verschiedenen Betreuungsangeboten versucht, Kindern und Familien zu helfen, die in Schwierigkeiten stecken.

Kometengruppe und der alte Bauernhof mit der Kletterhalle

Senckenberg Naturmuseum

Wieso sehen Tiere im Museum so echt aus?

Hinter einem zweiflügeligen, schmiedeeisernen Tor werden in Frankfurt Tausende von Pflanzen und Tieren aus aller Welt in riesigen Sälen und unzähligen Vitrinen ausgestellt. Das Senckenberg Naturmuseum ist für seine außergewöhnlichen Sammlungen berühmt, in denen die Vielfalt der heutigen Tier- und Pflanzenwelt gezeigt und so für die Nachwelt erhalten bleibt. Das ist bei Arten, die vom Aussterben bedroht sind, besonders wichtig, denn so kann der Besucher über ihre Situation aufgeklärt werden. Aber bevor die Tiere und Pflanzen in die Ausstellung kommen, müssen sie präpariert werden. Wir haben deshalb hinter die beigefarbene Holztür von Udo Beckers Präparationswerkstatt geschaut und uns erklären lassen, wie er eine Rothschildgiraffe präpariert hat, die sehr krank war und leider einen Tag nach ihrer Geburt im Zoo gestorben ist. Da es in freier Wildbahn nur noch ungefähr 150 dieser Giraffen gibt, wollte das

Museum sie besonders gerne in der Ausstellung zeigen.

Udo Becker ist zoologischer **Präparator** des Senckenberg Naturmuseums. Wenn in einem Zoo oder Wildpark ein Tier gestorben ist, bekommt er manchmal einen Anruf und muss sich dann überlegen, ob er das Tier für die Sammlung präparieren möchte oder nicht. Es tut ihm und den anderen Museumsmitarbeitern immer sehr leid um die verstorbenen Tiere, aber sie wissen auch, dass sich die meisten Menschen lieber für den Schutz von Tieren einsetzen, die sie kennen oder schon mal im Museum gesehen haben. Deswegen war Udo Becker sofort klar, dass er diese seltene Giraffenart für die Nachwelt erhalten wollte, als der Zoo anrief.

Wenige Stunden später holte Udo Becker die Giraffe in einer Transportwanne ab und brachte sie in den Untersuchungsraum des Forschungs-

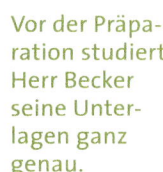

Vor der Präparation studiert Herr Becker seine Unterlagen ganz genau.

instituts. Alles ist hier weiß gekachelt und in der Mitte des Raums steht ein großer Untersuchungstisch aus Edelstahl. Herr Becker zog sich eine weiße lange Schürze und Einmalhandschuhe an und schaute sich den Körper ganz genau an. »Ein so anmutiges Tier wie eine Giraffe zu präparieren, ist schon eine besondere Ehre, aber auch eine Herausforderung«, erklärt der Präparator. »Eine Giraffe bekommt ein Präparator höchstens einmal im Leben zum Bearbeiten. Andere, kleinere Tiere, wie beispielsweise Füchse, habe ich schon mehrmals präpariert. Ich hatte bei der Giraffe also keine direkte Erfahrung, auf die ich zurückgreifen konnte.«

Das Präparat soll später dem lebenden Tier entsprechen. Dazu gehören die Körperhaltung, das Aussehen und die Form der Muskeln genauso wie

der Gesichtsausdruck. Deswegen fertigte Herr Becker im ersten Schritt viele Zeichnungen von dem Tier an und studierte alle Einzelheiten des Körperbaus. Dann wog und vermaß er den Körper, damit die Größenverhältnisse später stimmen und die Haut exakt auf das Modell passt. Es ist ein bisschen wie bei einem Schneider, der ja auch genau Maß nehmen muss, damit die Kleidung später perfekt sitzt. Um den Körper der Giraffe modellieren zu können, fotografiert der Präparator die Muskelpartien und fertigt Gipsabdrücke von den einzelnen Muskeln an.

Im nächsten Schritt präparierte Udo Becker ganz vorsichtig die Haut vom Muskelkörper ab. Das ist eine sehr schwierige Arbeit, bei der er schnell und vorsichtig arbeiten muss. Denn die empfindliche Giraffenhaut verändert sich schnell und ihre Haare fallen aus. Deswegen legte er sie sofort in 70-prozentigen Alkohol ein, der die Haut von außen und innen durchdringt. In einer Gerberei wurde die Haut anschließend in verschiedenen chemischen Flüssigkeiten gebadet. Danach ist sie jahrzehntelang haltbar. Bis zur weiteren Verarbeitung lagerte Herr Becker sie aber erst einmal in der Tiefkühltruhe.

Bei allen weiteren Arbeitsschritten dürfen wir dabei sein. Sie finden in der Präparationswerkstatt statt. Sie liegt mit den anderen Museumswerkstätten in einem Gebäude hinter dem Museum. Vor der Holztür hängt ein weißes Schild mit schwarzer Schrift: Zoologische Präparation, steht darauf. Die Werkstatt ist über 100 m² groß und überall sehen wir Präparate, an denen Herr Becker gerade arbeitet. An einer Wand stehen Sammlungsschränke mit Fischpräparaten, Feldhamstern und Mardern. Auf einem großen Holztisch liegen verschiedene

Abdrücke aus Kunststoff und etliche Bücher über Giraffen.

Jetzt fertigt Herr Becker ein Modell der Giraffe im Maßstab 1:10 an. Aus Knetmasse formt er die Giraffe genau so, wie sie früher aussah. Das Modell wird dann von einigen Museumsmitarbeitern und dem Zoodirektor begutachtet. Das ist wichtig, denn der Zoodirektor hat die Giraffe lebendig gesehen und kann gut beurteilen, ob Herr Becker sie richtig getroffen hat.

Dann beginnt Herr Becker mit dem Aufbau der Dermoplastik. So werden die großen Tierpräparate von Experten bezeichnet. Für die Gestaltung der Plastik braucht er ein Holzbrett, das von der Seite die Form des Giraf-

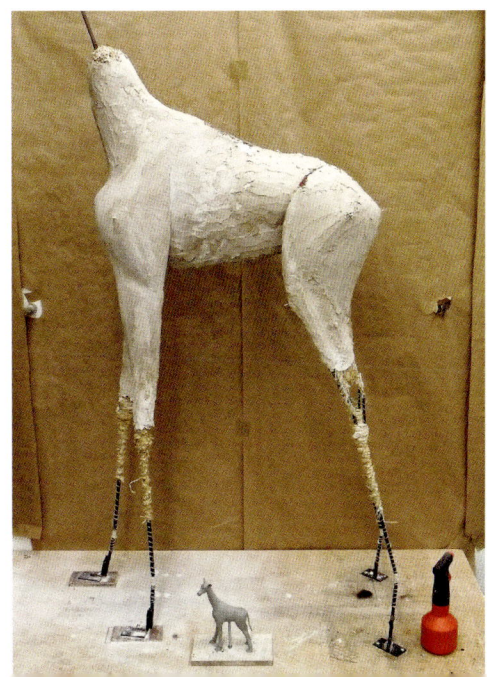

Das Modell wird auf vier Eisenstangen aufgebaut. Im Vordergrund ist das Miniaturmodell der Giraffe zu sehen.

fenrumpfs hat. Hier befestigt der Präparator vier stabile Vierkantstäbe aus Metall, die die Knochen der Vorder- und Hinterbeine ersetzen. Ein fünfter Stab wird an der Schulterpartie als Hals angesetzt. Das Gerüst stellt Herr Becker auf ein Bodenbrett mit Rollen und polstert Hals, Körper und Beine mit einem weichen Füllmaterial aus, damit das Gewicht des künstlichen Körpers nicht zu schwer wird.

Anschließend trägt er Schicht für Schicht eine Modelliermasse auf, die aus Gips und einer weiteren geheimnisvollen Zutat besteht. Eine ganz spezielle, selbst zusammengestellte Modelliermasse ist das Geheimnis vieler Präparatoren. Mit dieser Masse werden die Muskeln nachgebildet und alle Einzelheiten des Körpers sorgfältig geformt. An einigen Stellen raspelt Herr Becker wieder etwas von der Masse ab, an anderen trägt er noch mal kleine Mengen auf, bis er mit dem Ergebnis zufrieden ist.

Der Kopf der Giraffe ist eine besondere Herausforderung. Der Präparator weiß, dass sich die Besucher immer zuerst den Tierkopf anschauen. Zunächst formt er einen Kopf aus weicher Knetmasse, da er mit diesem Material auch feine Strukturen mo-

dellieren kann. Von diesem weichen Kopf fertigt er danach eine Form, die er mit Gips füllt und aushärten lässt. Nachdem er den stabilen Gipskopf aus der Form gelöst hat, muss er die Glasaugen in die Augenhöhlen einsetzen. Bei einem Spezialhersteller für Glasaugen hatte er nach seinen Bildern und Vorstellungen Glasaugen in Auftrag gegeben, die extra für dieses Modell hergestellt wurden. Nachdem die Augen eingesetzt sind, steckt er die Kopfplastik mit der Körperplastik zusammen und befestigt die beiden Teile aneinander.

Der letzte Arbeitschritt ist ganz schön haarig. Das Fell muss über die Plastik gezogen werden. Das geht nur, solange das Fell feucht ist, sonst lässt es sich, ähnlich wie ein Fensterleder,

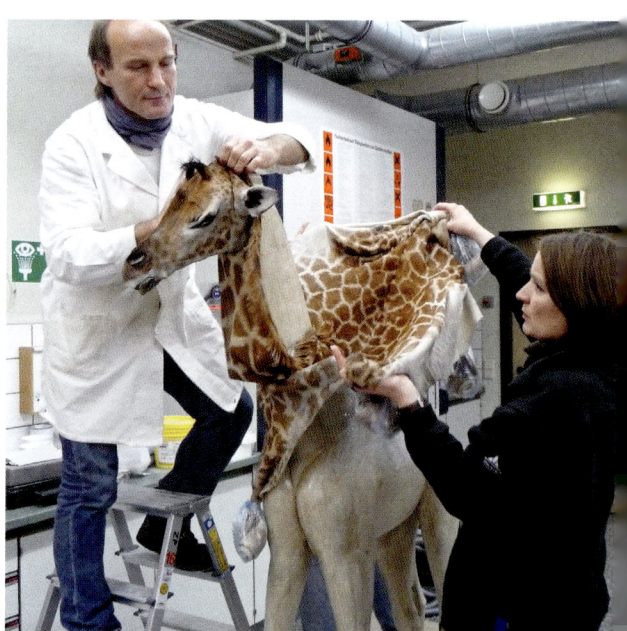

Das Fell wird über die Plastik gezogen.

Das Fell wird am Kopf zuerst mit orangen Nadeln festgesteckt.

nicht mehr ziehen und schieben, sondern wird brüchig. Herr Becker schmiert die Innenseite der feuchten Haut mit einem Spezialkleber ein. Auch der Körper der Plastik wird mit dem Leim bestrichen. Jetzt ziehen er und zwei Kollegen der Giraffe ganz vorsichtig die Haut über den Kopf, den Hals und den Körper. Stückchen-weise wird sie an die richtige Stelle geschoben, über Muskeln gelegt und in Vertiefungen glatt gestrichen. Dann werden die Hautränder zusam-mengenäht. Über fünfeinhalb Meter Naht werden geschlossen und die Präparatoren müssen hierfür unter den Bauch des Präparats kriechen und sich manchmal ganz schön ver-renken, denn die Giraffe lässt sich nicht bewegen. Damit sich die Haut während des Trocknens nicht zusam-menzieht und verschiebt, wird sie mit Hunderten kleiner Stahlstifte festge-halten. Es dauert vier Wochen, bis der Leim und die Haut vollständig ausge-trocknet sind und die Stifte schließ-lich wieder entfernt werden können.

Zum Schluss erhält die kleine Giraffe noch ein »Finish«, wie die Präparato-ren sagen. Der Spalt zwischen Ober- und Unterlippe bekommt mit Klarlack einen lebendigen Glanz und die Lid-ränder werden schwarz nachgezogen. Dadurch wirken die Augen lebendiger.

Jetzt kann das fertige Präparat die Werkstatt verlassen und ins Museum umziehen. Auf einem rollen-den Podest wird es zum Säugetiersaal des Senckenberg Naturmuseums ge-bracht. Herr Becker öffnet für den kleinen Giraffenbullen die Glastür zur Vitrine und stellt ihn vorsichtig zum Kudu. Der kleine Bulle steht schräg hinter der großen Antilope und schaut uns direkt an. Es sieht fast so aus, als wolle er uns im nächsten Augenblick zublinzeln, so lebendig wirkt er.

Ein Präparator muss also ganz schön viel Zeit, Geduld und Sorgfalt für seine Arbeit mitbringen. Achtet doch einmal bei eurem nächsten Museums-besuch darauf, wie echt die ausge-stellten Tiere aussehen, und denkt an die vielen Arbeitsschritte, die dahin-terstecken.

Deutsches Zentrum für Luft- und Raumfahrt

Was können Roboter heute alles?

Im deutschen Forschungszentrum für Luft- und Raumfahrt, dem DLR, beschäftigen sich Wissenschaftler und Experten mit unterschiedlichsten Fragen aus den Bereichen Luft- und Raumfahrt, Energie, Verkehr und Sicherheit. Die Steuerung von Satelliten und Raumschiffen gehört genauso dazu wie die Ausbildung von Astronauten. Besonders spannend ist das Institut für Robotik und Mechatronik in Oberpfaffenhofen, an dem Roboter entwickelt, gebaut und programmiert werden. Dies findet zum größten Teil hinter einer Feuerschutzsicherheitstür aus grünem Metall statt. Diese Tür hat sogar einen Magnetverschluss, der sich bei einem Feueralarm selbstständig schließt, um diese außergewöhnlichen Entwicklungen zu schützen. Um zu erfahren, wie solche Roboter aussehen und was sie heute schon alles können, haben wir uns hinter dieser Tür genau umgesehen.

Als wir den Raum betreten, flitzt etwas vor unseren Füßen am Boden entlang. Und ehe wir richtig hingesehen haben, ist es hinter einem Schreibtisch verschwunden. Es war der DLR-Krabbler, ein kleiner Roboter, der wie ein sechsbeiniges Insekt über den Boden saust. Und von der Decke hängt ein Greifroboter, der nur aus einem langen Greifarm mit einer Hand besteht. Während wir uns noch staunend umschauen, ist auf einmal laute Musik zu hören. Denn jetzt beginnen Justin und einer seiner Entwickler, Thomas Wimböck, ihr Programm.

Justin ist knapp zwei Meter groß, wiegt 200 Kilogramm, hat einen blauen Körper, riesige Hände, kugelrunde Augen und lernt gerade tanzen. Wahrscheinlich habt ihr es schon erraten: Justin ist ein Roboter, ein sogenannter humanoider Roboter, und er hat tatsächlich auch ein kleines bisschen Ähnlichkeit mit einem Menschen. Seine Programmierer bringen Justin nach und nach möglichst viele »menschenähnliche« Fähigkeiten bei. Aber was bedeutet das genau?

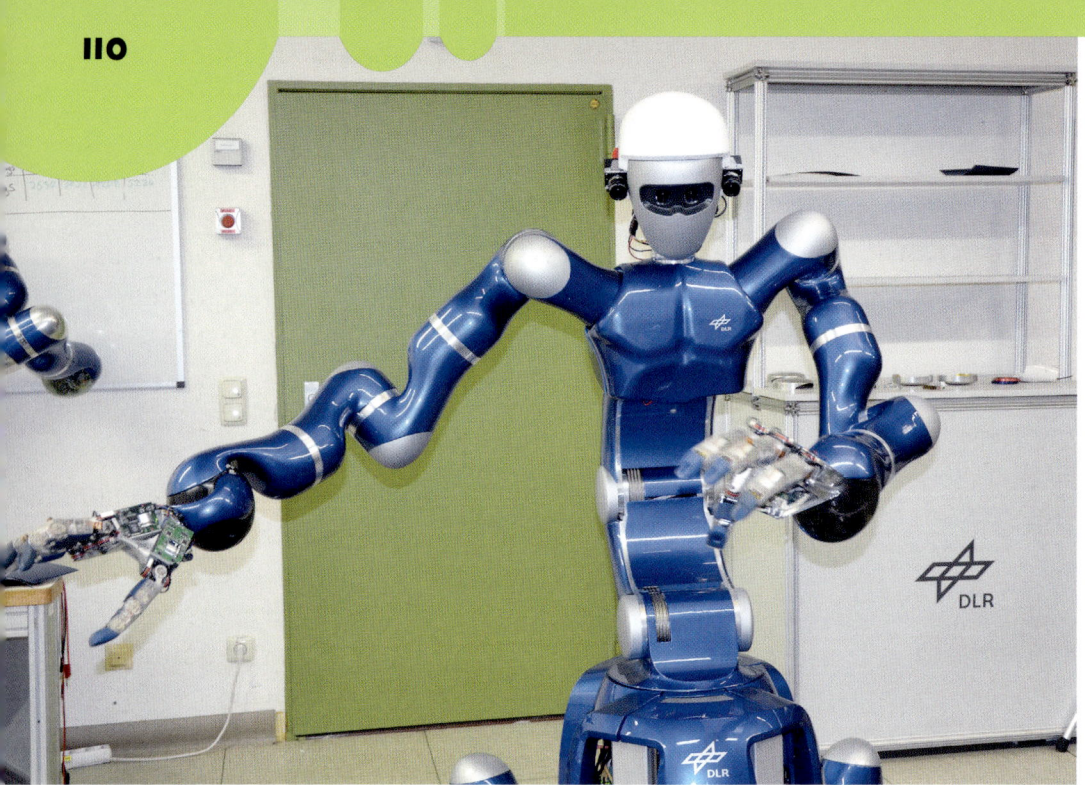

Roboter Justin tanzt und schwingt seine Arme im Takt der Musik.

Schon vor mehr als zehn Jahren begannen die Wissenschaftler des Instituts mit der Entwicklung von Justin. Ihr Ziel war es, einen Roboter zu entwickeln, der irgendwann gefährliche Arbeiten der Astronauten oder Reparaturen im Weltraum übernehmen und damit die Astronauten unterstützen kann. Denn die Schwerelosigkeit des Weltalls stellt eine starke Belastung für die Astronauten dar. Damit ihre Muskeln nicht verkümmern, müssen sie sehr viel trainieren. Auch Weltraumausflüge sind wegen der extremen Temperaturen und der starken Strahlung keine ungefährlichen Spaziergänge.

Aber zurück zu Justin: Er bestand am Anfang nur aus einem Oberkörper, zwei Armen und einem Kopf. Und er konnte sich nicht von der Stelle bewegen, denn anstelle von Beinen gab es nur eine Metallplatte, auf der der Oberkörper festmontiert war. Erst später wurde für Justin ein Fahrgestell auf Rädern entwickelt, sodass er sich von diesem Zeitpunkt an auch frei im Raum bewegen konnte.

Justin verfügte allerdings von Anfang an über eine ausgeklügelte Technik. Er kann hören, Worte erkennen und verstehen, sprechen und durch zwei Kameras seine Umgebung sehen.

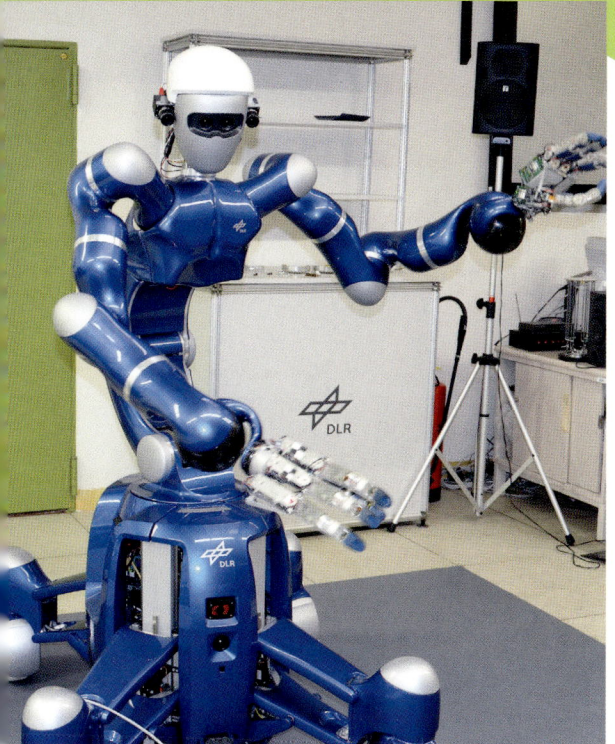

Wenn ihr beispielsweise einem Industrieroboter die Hand geben würdet, könnte er nur mit einer bestimmten Kraft zupacken, nämlich genau so, wie er programmiert wurde. Justin hingegen spürt den unterschiedlichen Druck verschiedener Hände und reagiert mit einem leichten oder einem festen Händedruck. Auch wenn Justin angestoßen wird oder sich selbst an einem Gegenstand stößt, reagieren seine Drucksensoren und weichen dem Hindernis aus. Er zieht dann die Hand zurück oder bewegt den Arm nach unten, genauso wie wir Menschen es auch machen würden. Das ist eine beeindruckende Leistung.

Außerdem hat sein Oberkörper 43 Gelenke, wodurch er in der Lage ist, ganz exakte Bewegungen auszuführen. Das wird bei der Weiterentwicklung des Roboters wichtig, wenn er zum Beispiel bei Reparaturen Schrauben anziehen soll.

Aber das ganz Besondere sind die Sensoren, die an seinem Körper verteilt sind und als Fühler auf Druck reagieren können. Besonders viele Drucksensoren sitzen an den vier Fingern seiner riesigen Hände. Dadurch ist Justin zum Beispiel in der Lage, die Stärke eines Händedrucks zu spüren und den Händedruck entsprechend zu erwidern. Das ist einzigartig!

Mittlerweile kann Justin putzen, Geschirr auftragen, Kisten tragen, ein Tablett oder eine Zeitung halten. Auch wenn seine Programmierer ihm den Befehl geben, Kaffee oder Tee zu kochen, versteht er das sofort und erledigt es perfekt. Um beispielsweise einen löslichen Zitronentee zuzubereiten, stellt er zuerst die Gläser auf dem Tisch zurecht, greift dann mit der einen Hand nach der Teedose und schraubt mit der anderen Hand vorsichtig den Deckel ab. Anschließend hält er die geöffnete Dose leicht schräg über das Glas und klopft sanft mit einem Finger auf den Rand, sodass

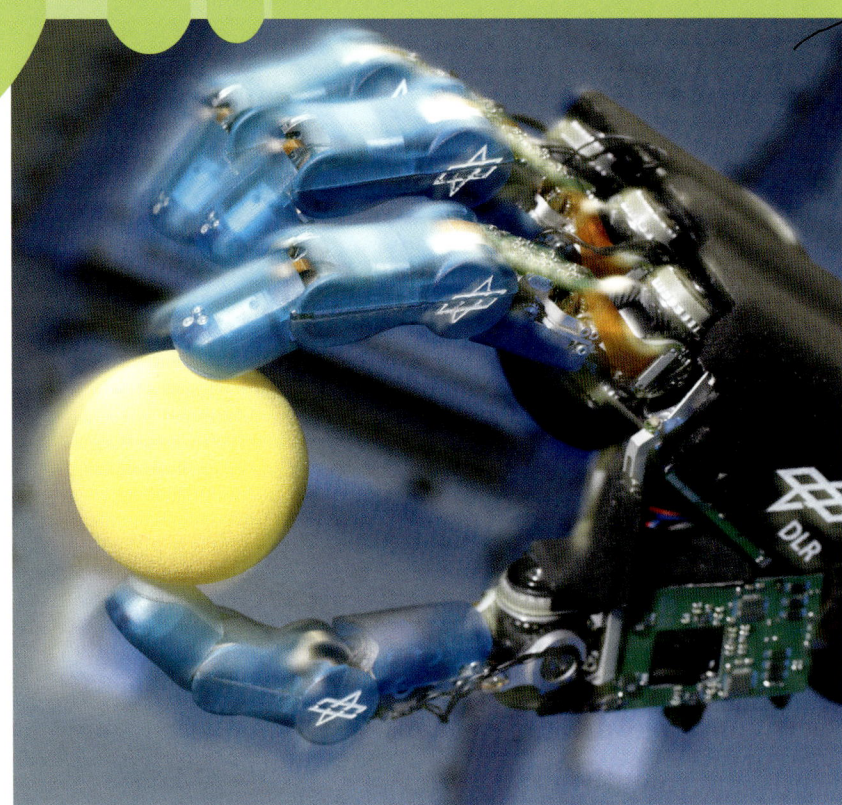

Justin fängt
einen Ball.

etwas Teepulver ins Glas rutscht. Zum Schluss gießt er aus einer Karaffe Wasser in das Glas – und der Tee ist fertig.

Das mag sich für euch kinderleicht anhören, ist aber für einen Roboter eine echte Höchstleistung. Justin muss die verschiedenen Gegenstände für die Handlung zunächst mit seinen Kameraaugen erfassen und dann mit den abgespeicherten Bildern seiner Datenbank vergleichen und erkennen. Kommt ihm der Gegenstand bekannt vor, muss er berechnen, von welcher Seite er ihn greift und wie fest er ihn halten kann, um die Bewegung auszuführen.

Wenn seine Entwickler die Leistungsfähigkeit von Justin vorführen wollen, lassen sie ihn zwei Bälle gleichzeitig fangen. Selbst für geschickte Menschen ist das eine schwierige Aufgabe, aber für Justin ist das kein Problem. Schnell und gründlich berechnet er die Flugbahnen der herannahenden Bälle und entscheidet, mit welcher Hand und in welchem Winkel er die Bälle fangen muss. Mit den Kraftsensoren seiner Hand erkennt er anschließend, ob er die Bälle erfolgreich gefangen hat.
Inzwischen ist er so gut, dass er acht von zehn Bällen fängt. Versucht das mal selbst! Ihr werdet staunen, wie schwierig diese Aufgabe ist.

Aber egal ob Justin Bälle fängt, Kaffee kocht oder Schrauben anzieht, zuerst müssen es ihm seine Entwickler beibringen. Das heißt, sie müssen Justins Fähigkeiten programmieren. Nur so kann er Neues erkennen, berechnen und ausführen. Wenn er beispielsweise eine neue Bewegung erlernen soll, setzen sich die Programmierer eine Datenbrille auf und ziehen Datenhandschuhe an. Diese beiden Werkzeuge übersetzen die Bewegungen der Menschen für den Roboter. Wenn sie zum Beispiel einen Finger bewegen, wird die Information als Botschaft auf Justin übertragen und er setzt sie in eine eigene Fingerbewegung um. Ihr könnt euch das so ähnlich wie bei einem Spiegel vorstellen: Wenn ihr davorsteht und euch bewegt, macht euer Spiegelbild jede Bewegung genau nach. Auf diese Art und Weise wird Justin später auch mal vom Boden oder Raumschiff aus im Weltraum ferngesteuert. Unter Experten wird dies programming by demonstration genannt, also »lernen durch Vormachen«.

Im DLR-Institut für Robotik und Mechatronik sind sich die Wissenschaftler einig, dass Roboter wie Justin in der Zukunft als Robonauten im Weltraum eingesetzt werden und hier Reparaturen an Satelliten oder Raumschiffen durchführen, Experimente und Versuche betreuen und die abgeschalteten Satelliten als Satellitenschrott im All einsammeln. Aber nicht nur das: Humanoide Roboter könnten auch auf der Erde eingesetzt werden und zum Beispiel älteren Menschen im Haushalt helfen.

Seinen Namen verdankt Justin übrigens einem sehr lustigen Umstand. Seine Programmierer wollten ihn damals auf einer Messe der Öffentlichkeit vorstellen. Da der Roboter erst kurz vorher fertig wurde, tauften sie ihn Justin, in Anlehnung an: »Just in time«, also »gerade noch rechtzeitig«.

Leibniz-Institut für Zoo- und Wildtierforschung

Die Löwin Paula auf dem Untersuchungs-tisch des CT

Wie können Forscher ohne Operation in die Körper von Wildtieren schauen?

Ein gemaltes Zebra an der Hauswand verrät schon von Weitem, dass sich die Wissenschaftler am Leibniz-Institut für Zoo- und Wildtierforschung auch mit größeren Tieren beschäftigen. Dass hier ein ganz modernes, einzigartiges Gerät zur Untersuchung von Tieren hinter einer grauen Labortür steht, kann man nicht erahnen. Mit dem Gerät öffnet sich eine »Tür« zum Körper der Tiere und die Forscher können sich Knochen und Organe der Tiere genau anschauen, ohne sie operieren zu müssen. Auf dem Bildschirm können die Experten dann sogar 3-D-Bilder davon erstellen. Egal ob es Schildkröten, Chamäleons, Löwen, Bären oder sogar Haie sind, alle Tiere unter 300 Kilogramm Körpergewicht können so untersucht und abgebildet werden.

Zusammen mit dem Wissenschaftler Guido Fritsch gehen wir durch den langen Flur des Instituts für Zoo- und Wildtierforschung (IZW). Der Tierarzt und Radiologe, so werden Röntgenärzte auch genannt, möchte uns das besondere Gerät vorführen. Es ist Europas größter und modernster Computertomograf, kurz CT genannt, der für die Untersuchung von Tieren eingesetzt wird. Gespannt stehen wir vor der Tür mit dem Warnschild »Kein Zutritt – Röntgen«.

Hinter der Tür steht ein fünf Tonnen schweres Gerät, das den kleinen Raum fast ganz ausfüllt. Ein weißer Untersuchungstisch steht in der Mitte, an dessen Kopfende sich der CT mit einer gewaltigen, 1,5 Tonnen schweren, runden Apparatur befindet. Bei einer Untersuchung dreht sich darin die

Röhre um den Tierkörper auf dem Tisch und durchleuchtet ihn mit Röntgenstrahlen. Dabei werden ganz viele Bilder aufgenommen. Mithilfe dieser Tomografie, so wird die Untersuchung genannt, können die Ärzte und Wissenschaftler beispielsweise besser entscheiden, wie ein schwer krankes Tier behandelt oder operiert werden kann, weil sie sich die Organe ganz genau ansehen können. Die Bilder erscheinen im Nebenraum auf einem Bildschirm und ein Computer berechnet anschließend aus den flachen Röntgenbildern ein 3-D-Bild, das den ganzen Tierkörper als drehbares Modell auf dem Bildschirm zeigt.

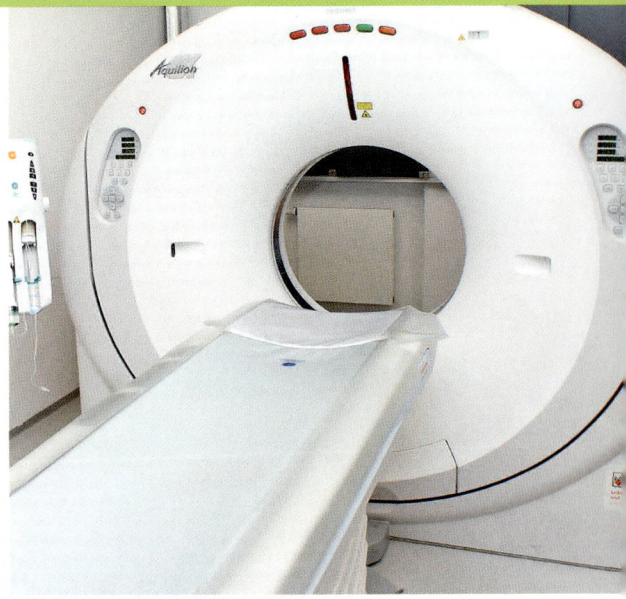

Der Computertomograf mit Untersuchungstisch

Das Wort »Tomografie« kommt aus dem Griechischen und bedeutet so viel wie Schnittbild. Und genau das ist eine Tomografie auch: Der Körper wird Schicht für Schicht angeschaut, so als hätte man ihn in ganz viele virtuelle hauchdünne Scheiben geschnitten. Er wird hierbei allerdings nicht aufgeschnitten oder verletzt, sondern nur mit Röntgenstrahlen durchleuchtet.

Damit wir uns das besser vorstellen können, dürfen wir heute bei einer Untersuchung dabei sein. Und da klopft es auch schon an der Tür. Der Besitzer des Patienten ist da. Und mit

ihm eine riesige Transportkiste mit dem kranken Tier. Es ist ein Schwarzbär. Er gehörte lange einem Zirkus an und lebt jetzt in einem Wildpark. Der Bär ist blind und schon sehr alt, hat starke Schmerzen und bewegt sich so schwerfällig, dass die Tierärzte einen schweren Wirbelsäulenschaden vermuten.

Ein Bär ist ein echtes Wildtier und nicht ungefährlich. Deswegen wird er von dem Tierarzt Dr. Frank Göritz zunächst mit dem Blasrohr betäubt. Dann fährt Guido Fritsch den Untersuchungstisch automatisch nach unten. Mit sechs Helfern wird der 280 kg schwere Schwarzbär auf einer Tragematte von der Kiste auf den Tisch gehievt. Er ist eine echte Herausforderung für den Tomografen, der nur 300 kg tragen kann. Außerdem

ist der Bär so stämmig, dass er kaum durch die Öffnung in der Röntgenröhre passt. Im nächsten Schritt fährt Herr Fritsch den Untersuchungstisch mit dem schlafenden Bären wieder hoch und alle verlassen den Raum. Da Röntgenstrahlen gefährlich sind, muss die Tür mit dem Aufkleber »Kein Zutritt – Röntgen« geschlossen sein.

Die Experten, zu denen auch der Leiter der Forschungsgruppe Dr. Thomas Hildebrandt gehört, und der Besitzer des Bären schauen jetzt konzentriert auf den Computerbildschirm im Nebenraum. Herr Fritsch beginnt mit der Untersuchung. Hierfür wird der Tisch durch die Röhre geleitet und die Röntgenstrahlen durchleuchten den Bären. Der Radiologe macht zunächst zwei Übersichtsaufnahmen von dem Tier. Eine Aufnahme von oben und ein Bild von der Seite. Daraus berechnet der Computer die Lage des Bären und grenzt den Bereich ein, der gescannt wird. Herr Fritsch stellt jetzt noch die Schichtdicke der Bilder und die Stärke der Röntgenstrahlung ein und dann findet in Sekundenschnelle

der Scan des Bären statt. Nach weniger als einer Minute hat das CT ungefähr 6000 Bilder gemacht, die anschließend berechnet werden. Das geht so schnell, dass wir es kaum glauben können. Jetzt schauen sich die Ärzte die Bilder auf dem Monitor an. Ihre erfahrenen Blicke wandern rasch über die Knochen und Organe, die auf dem Bildschirm zu erkennen sind. Etwas Außergewöhnliches würde ihnen sofort auffallen. Aber die Wirbelsäule zeigt keinen Schaden und die Gelenke sind auch nicht entzündet.

Plötzlich bleibt der Blick von Guido Fritsch an einem Bild vom Brustkorb hängen. Er hat etwas entdeckt. Unter dem Brustbein ist eine Geschwulst zu sehen. Die Ärzte schauen sie sich

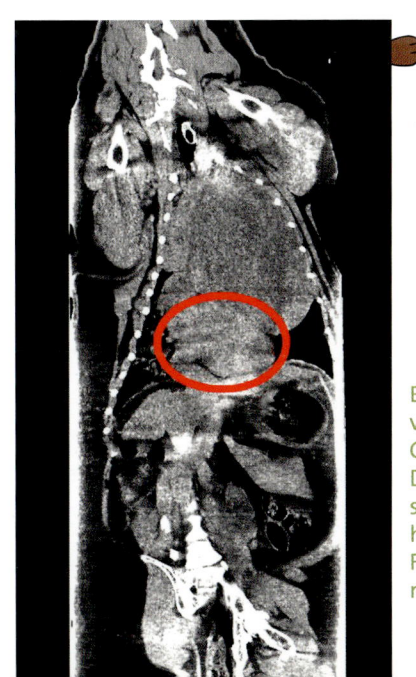

Ein CT-Bild von Barris Organen. Die Geschwulst hat Guido Fritsch rot markiert.

Diese 3-D-Rekonstruktion zeigt eine Ansicht von Paulas Schädel.

jetzt genauer an. Es ist eine Krebs-geschwulst, die schon so groß ist, dass sie fast den ganzen Brustraum ausfüllt und auf das Herz und die Lunge des Bären drückt. Dieser Krebs ist selten, aber leider auch sehr ag-gressiv. Allen ist jetzt sofort klar, wie ernst die Lage ist und dass sich der Bär vor Schmerzen kaum noch bewegen kann.

Jetzt müssen die Ärzte entscheiden, was sie noch tun können. Normaler-weise würden sie den Bären operieren und die Geschwulst entfernen. Aber in diesem Fall überlegen sie, ob der alte Bär eine so schwierige, stunden-lange Operation überhaupt verkraf-ten und sich später davon erholen könnte. Die Geschwulst ist außerdem schon so groß, dass eine Operation kaum Erfolg hätte und das Leiden nur verlängern würde. Die Stimmung ist gedrückt. Die Gruppe von Experten entscheidet gemeinsam mit dem Besitzer, den Bären nicht länger leiden zu lassen und ihn einzuschläfern. Für das Tier ist das eine Erlösung. Ohne das CT hätten die Ärzte die Geschwulst nicht entdecken können und der Bär hätte wahrscheinlich noch wochenlang unter schwersten Schmerzen gelitten.

Als die Löwin Paula vor gut einem Jahr wegen starker Rückenschmerzen ins CT kam, entdeckten die Tierärzte eine Verhärtung, die auf einen Nerv drückte und dadurch einen starken Schmerz auslöste. Paula wurde gezielt behandelt, bekam ein paar Spritzen und läuft heute wieder problemlos durch ihr Freigehege. Guido Fritsch ließ den Computer des CT später in einem sehr komplexen Rechenvorgang die einzelnen Bilder

von Paula zu einem räumlichen Modell zusammensetzen. Dadurch konnten wir uns auf dem Bildschirm den Kopf von Paula aus unterschiedlichen Perspektiven anschauen. Auf einer Ansicht war nur der Schädel zu sehen, auf der anderen Ansicht war die Haut abgebildet. Wissenschaftler erhalten so außergewöhnlich faszinierende Einblicke in Tierkörper, die sie früher in der Form nicht hatten und die ihnen zusätzliche Erkenntnisse über anatomische Zusammenhänge geben.

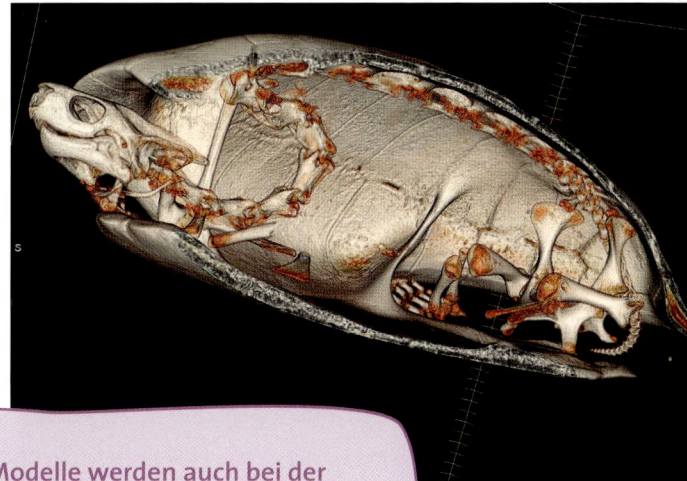

In dieser Ansicht könnt ihr den eingezogenen Kopf im Panzer der Schildkröte sehen.

Die 3-D-Modelle werden auch bei der Ausbildung von Tierärzten eingesetzt und bieten den Studenten die Möglichkeit, viel über die Einzelheiten des Körperbaus von Tieren zu lernen, ohne dass ein Tier dafür seziert werden muss. Ein besonders schönes Beispiel für 3-D-Bilder sind die Schildkrötenfotos, auf denen man sehen kann, wie die Schildkröte ihre Wirbelsäule verbiegt, wenn sie ihren Kopf einzieht.

Botschaft von Georgien

Welche Aufgabe hat eine Botschafterin?

Wir sind in Berlin im sogenannten Botschaftsviertel. Einem Stadtteil, in dem die diplomatischen Auslandsvertretungen vieler Länder ihren Sitz in Deutschland haben. Ihr wisst vielleicht, dass ein Botschafter der oberste diplomatische Vertreter eines Landes im Ausland ist. Wir sind auf dem Weg zu einer alten Villa mit einem hohen, schmiedeeisernen Tor und einer rot-weißen Fahne. Es ist die Georgische Botschaft und der Arbeitsplatz von Ihrer Exzellenz Gabriela von Habsburg, Botschafterin von Georgien. Gabriela von Habsburg stammt aus einer adeligen Familie und ist die Enkelin des letzten österreichischen Kaisers. Wir möchten von ihr erfahren, wie sie Botschafterin geworden ist und was zu ihren täglichen Aufgaben gehört.

Bevor wir das Büro der Botschafterin betreten, müssen wir erst mehrere Türen passieren. Nachdem wir uns über die Sprechanlage angemeldet haben, öffnet sich das Tor und wir gehen zu einer schweren, dunklen Eingangstür. Hier müssen wir ein zweites Mal klingeln, bevor wir über eine breite Holztreppe zu den Botschaftsräumen gelangen. Am Eingang empfängt uns Frau Mariam Abelishvili, die erste Botschaftssekretärin. Sie ist für die Bereiche Kultur, Bildung und Wissenschaft zuständig und wird bei unserem Gespräch mit der Botschafterin dabei bleiben. In einer Botschaft werden nämlich alle offiziellen Interviews und Gespräche protokolliert. Etwas aufgeregt fragen wir, wie wir die Botschafterin ansprechen dürfen. Frau Abelishvili erklärt, dass »Ihre Exzellenz«, »Frau Botschafterin« oder »Frau von Habsburg« die korrekten Anreden sind, und begleitet uns zum Büro der Botschafterin.

Leise öffnet sie die schwere Tür. Erstaunt bemerken wir, dass es eine Doppeltür ist. Beide Türen sind über zwei Metallstangen miteinander

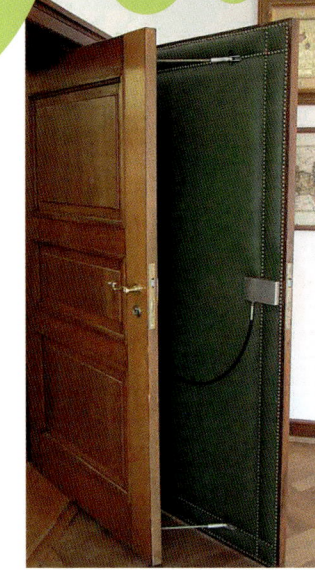

Die doppelte Tür des Botschafterbüros ist durch eine Lederpolsterung absolut schalldicht.

sind absolut schalldicht. Hier war früher die norwegische Gesandtschaft und anscheinend haben hier viele geheime Gespräche stattgefunden.«

Wir sehen uns im Botschaftsbüro um. Hinter dem großen Schreibtisch der Botschafterin steht wieder eine rot-weiße Landesflagge. Sie wird von einem Porträt des georgischen Staatspräsidenten Micheil Saakaschwili und einer riesigen Landkarte von Georgien eingerahmt. Auf dem Schreibtisch entdecken wir neben dem Computer, vielen Papieren und einigen Büchern auch einen kleinen

verbunden und haben eine dicke Lederpolsterung auf den Innenseiten. Gabriela von Habsburg begrüßt uns herzlich und erklärt: »Diese Türen

Ihre Exzellenz Gabriela von Habsburg an ihrem Schreibtisch in der Georgischen Botschaft

Traktor, den die Botschafterin vor einiger Zeit geschenkt bekommen hat, und einen kleinen georgischen Wimpel. Außerdem gibt es ein großes weißes Sofa, zwei Sessel und einen kleinen Tisch in dem hellen Raum, in dem sie ihre Gäste empfängt.

Wie wurde Gabriela von Habsburg Botschafterin?

Als Erstes fragen wir die Botschafterin, wie wichtig ihr die adelige Herkunft ist, denn ihr vollständiger Name ist Gabriela von Habsburg-Lothringen, Erzherzogin von Österreich. Sie erzählt von ihrer Kindheit und berichtet, dass sie in Bayern aufgewachsen ist. In den ersten Jahren hatte sie gemeinsam mit ihren Geschwistern und einigen Kindern aus dem Dorf einen Privatlehrer, später war sie auf einem öffentlichen Gymnasium. »Wir sind ganz normal aufgewachsen, haben viel draußen gespielt und es waren immer viele Kinder bei uns zu Hause. Auf Adelstitel, die man durch Geburt erwirbt, lege ich keinen großen Wert. Titel, die man sich erarbeitet oder erwirbt, sind für mich viel bedeutungsvoller«, erklärt sie uns. Da ihr Vater ein angesehener Politiker war, kennt sie Gespräche über Politik schon seit ihrer Kindheit. »Wir haben

sehr oft über Politik geredet, es war eigentlich bei jedem Essen das Thema und ich bin dazu erzogen worden, Verantwortung zu übernehmen. Das ist für unsere Familie sehr wichtig.«

Nach ihrem Abitur studierte Frau von Habsburg Philosophie und Kunst in München und arbeitete als Bildhauerin und Kunstprofessorin. Ihre Kunstwerke wurden in vielen Ländern ausgestellt, auch in Georgien. »1999 bin ich durch die Kunst das erste Mal nach Georgien gekommen und war von den freundlichen Menschen sofort begeistert. Sie sind offen, gastfreundlich und kreativ«, schwärmt sie. Seit 2001 ist sie Professorin an der Kunstakademie in der georgischen Hauptstadt Tbilissi. Bei der Einweihung ihres Denkmals, das an die Rosenrevolution in Georgien erinnert, verlieh ihr der georgische Präsident Micheil Saakaschwili die georgische Staatsbürgerschaft und schlug sie 2009 als Botschafterin vor. Im März 2010 wurde sie offiziell zur Botschafterin ernannt und vom georgischen Parlament nach Deutschland entsandt. Um ein Land vertreten zu können, muss man die Staatsangehörigkeit nicht zwangsläufig von Geburt an haben. Es gibt etliche Botschafter, die beispielsweise auch durch Einbürgerung oder Adoption

Gabriela von Habsburg mit dem georgischen Präsidenten Micheil Saakaschwili bei der Einweihung des Rosendenkmals 2007 in Tbilissi

die jeweilige Staatsbürgerschaft erhalten haben. Entscheidend ist die Staatsangehörigkeit zum Zeitpunkt der Ernennung. In Deutschland werden überwiegend Beamte des Auswärtigen Amtes vom Bundespräsidenten als Botschafter ernannt und ins Ausland entsandt.

Die Aufgaben einer Botschafterin

Seit ihrer Ernennung ist Gabriela von Habsburg stolz darauf, dass sie ein Land wie Georgien vertreten darf.

Wenn sie von den Menschen und ihrer Kultur erzählt, gerät sie richtig ins Schwärmen und man merkt ihr die Begeisterung für die vielseitige Natur und die georgische Kultur deutlich an. Sie erklärt uns, dass die georgische Sprache eine der ältesten Sprachen der Welt ist und eine eigene Schrift besitzt. Als Botschafterin ist es für sie selbstverständlich, dass sie die Sprache schreiben und sprechen kann. »Es geht schon ganz gut«, sagt sie. »Ich habe einen geduldigen Lehrer und versuche, jeden Tag ein bisschen zu lernen, wenn es meine Termine zulassen.«

Ihr Terminkalender ist oft sehr voll. Sie erklärt, dass ein Botschafter sein Land in allen Bereichen vertritt und deshalb viele Kontakte knüpft, Gespräche führt, Veranstaltungen organisiert und Menschen zusammenbringt. Das können Geschäftsleute, Sportler, Schriftsteller und Musiker genauso sein wie Wissenschaftler oder Politiker. Frau von Habsburg ist eigentlich immer dabei, wenn sich Georgier und Deutsche zu einem wichtigen politischen, wirtschaftlichen oder kulturellen Austausch treffen. Das kann ein gemeinsames Konzert von georgischen und deutschen Schülern sein, eine Ausstellungseröffnung oder sie begleitet georgische Wirtschaftsexperten bei ihren Treffen mit ihren deutschen Kollegen. Auch bei politischen Treffen ist sie oft dabei. Sie begleitete beispielsweise schon den georgischen

Außenminister und den Landwirtschaftsminister bei ihren Deutschlandreisen und war auch vor Kurzem bei einem Termin des georgischen Präsidenten Micheil Saakaschwili in München dabei. Und wenn ein deutscher Politiker, zum Beispiel der deutsche Außenminister, nach Georgien fährt, ist die Botschafterin an der Planung der Reise und einigen Terminen beteiligt. Neben den ganzen Reisen hat sie aber auch viele Besprechungen im Auswärtigen Amt oder im Kanzleramt, bei denen sie Georgien in Deutschland vertritt. Dabei trifft sie manchmal sogar auch die Bundeskanzlerin Angela Merkel.

Besuch bei der Bundeskanzlerin Angela Merkel am 26. Januar 2012 im Bundeskanzleramt

An ihrer Arbeit als Botschafterin schätzt sie besonders, dass sie mit vielen unterschiedlichen Menschen zusammenkommt. Sie erklärt: »Wenn ich jemanden spannend finde, egal aus welchem Bereich er kommt, dann kann ich ihn treffen. Das ist als Botschafter möglich. Ich organisiere ein Treffen, lerne ihn kennen und bringe so oft Menschen aus Georgien und Deutschland zusammen.«

Häufig reiht sich nicht nur tagsüber ein Termin an den nächsten, auch abends hat die georgische Botschafterin meist zwei, manchmal sogar drei Termine. Dann trifft sie sich beispielsweise zu einem Gespräch mit einem Abgeordneten aus dem Bundestag, lädt selbst zu einer Veranstaltung in die Georgische Botschaft ein oder besucht einen Empfang des Auswärtigen Amtes oder einer anderen Botschaft. Neben diesen kleineren Abendveranstaltungen gibt es aber auch große Feste, an denen sie teilnimmt und das Land Georgien vertritt. Dazu gehören zum Beispiel der traditionelle Neujahrsempfang des Bundespräsidenten oder der Empfang für alle Botschafter bei der Bundeskanzlerin.

Als Botschafterin arbeitet Gabriela von Habsburg von montags bis freitags in Berlin und am Wochenende nimmt sie sich Zeit für ihren zweiten Beruf, die Bildhauerei. In ihrem Atelier in der Nähe von München trägt sie weder Anzüge noch Kleider, sondern einen Overall, Handschuhe und eine Schweißmaske. Das Lieblingsmaterial von Frau von Habsburg ist Edelstahl und wird mit Hämmern, Schleife und Schweißgeräten bearbeitet. Hieraus formt sie am liebsten riesige, monumentale Skulpturen, die oft mehrere Tonnen schwer sind. »Wenn ich in meinem Atelier arbeite, ist es oft so laut, dass ich stundenlang kein Telefon höre. Die Bildhauerei ist eine ganz andere Seite in meinem Leben, ich

Gabriela von Habsburg mit ihrer Edelstahlskulptur Pytagon

schöpfe Kraft aus dieser künstlerischen Arbeit und es entstehen neue Ideen«, beschreibt sie ihre Wochenendarbeit.

Kaum vorstellbar, dass man mit diesen beiden Berufen und den Terminen noch Zeit für sich, die Familie und seine Hobbys hat. Frau von Habsburg verrät uns lachend ihren Trick: »Natürlich würde ich auch gerne jeden Tag in einem Buch lesen, Sport machen, auf meiner Geige spielen und die Zeitung gründlich lesen, aber das klappt nicht. Aber ich habe eine Lösung für mich gefunden: Ich mache jetzt viele Dinge nur noch alle zwei Tage, die andere Menschen täglich machen.

So schaffe ich es, zumindest jeden zweiten Tag die Zeitung von vorne bis hinten zu lesen, Sport zu machen oder Zeit für mich zu haben. Und ich habe festgestellt, das reicht vollkommen aus und der Druck ist weg.«

Als wir uns von Frau von Habsburg verabschieden, wartet schon der nächste Termin vor der schalldichten Doppeltür. Nach diesem Gespräch ist uns klar, dass Botschafter einen vielseitigen, aber auch anstrengenden Job haben, in dem sie offen und kontaktfreudig auf Menschen zugehen und ihr Land mit großer Begeisterung vertreten müssen.

Wie wird man Botschafter/in für Deutschland?

In Deutschland werden Diplomaten an der Akademie des Auswärtigen Amts ausgebildet. Um einen Ausbildungsplatz zu bekommen, muss man mehrere Voraussetzungen erfüllen. Neben der deutschen Staatsbürgerschaft braucht man ein abgeschlossenes Hochschulstudium und gute Fremdsprachenkenntnisse. In einem sehr strengen Auswahlverfahren werden neben einigen psychologischen Tests auch das Allgemeinwissen, Offenheit, Flexibilität und politisches sowie wirtschaftliches Wissen geprüft.

Schweizer Schokoladenfabrik

Die ausgeformte Schokolade läuft über das Band.

Wie wird Schokolade hergestellt?

Seid ihr auch so richtige Schokoladenliebhaber und mögt den Geschmack von geschmolzener Schokolade besonders gern? Ob als Stückchen, Riegel, Praline oder als Schokoladenfigur, die leckere Nascherei gehört zu den beliebtesten Süßigkeiten und jeder Deutsche steckt sich ungefähr 100 Tafeln Schokolade pro Jahr genüsslich in den Mund. Kakao, Zucker, Milchpulver und Vanille gehören in fast jede Schokolade. Aber die exakte Mischung und das genaue Rezept verrät kein Hersteller. Das bleibt sein Geheimnis, denn oft sind es nur Kleinigkeiten, die den einzigartigen Geschmack und den besonderen Schmelz einer Schokolade ausmachen. Und weil die Schweiz für ihre gute Schokolade weltberühmt ist, sind wir zur »maestrani Schweizer Schokoladen AG« gefahren. Besucher können sich hier Teile der Schokoladenherstellung von einer Glasgalerie aus ansehen. Wir durften aber mit Monika Knobel die Tür zur Produktionshalle öffnen und die süße Leckerei vom Mixwerk bis zur Verpackung begleiten.

Kakao ist seit vielen Jahrhunderten bekannt und beliebt. Schon um das Jahr 600 bereiteten die Mayas in Mittelamerika ein würziges Getränk aus Kakaobohnen, das sie Xocolatl nannten. Der Name Schokolade stammt wahrscheinlich sogar von diesem Wort ab. Im 16. Jahrhundert brachten spanische Eroberer den Kakao mit nach Europa. Schnell wurde er zuerst als Getränk, später auch in fester Form als Schokolade von vielen Menschen geschätzt. Bevor wir uns die Maschinen in der Schokoladenfabrik ansehen, erfahren wir von Frau Knobel einiges zu den Kakaobohnen, ihrer Herkunft und den ersten Schritten der Verarbeitung, die noch nicht in der Schokoladenfabrik stattfinden.

Die Kakaobohne

Auch heute wird in Mittel- und Südamerika noch viel Kakao angebaut und der Kakao für die Bioschokolade von maestrani kommt ausschließlich von Plantagen aus Peru. Er wird fair gehandelt, das bedeutet, dass das Produkt zu möglichst kontrollierten, gerechten Bedingungen hergestellt und angemessen bezahlt wird. In dem feuchtwarmen Klima hoch oben in den Anden gedeihen die Kakaobäume besonders gut. Sie sehen schon ziemlich außergewöhnlich aus, denn sie tragen Blüten, heranreifende und reife Früchte gleichzeitig. Außerdem sitzen die Früchte als große ovale Schoten direkt am Stamm oder an dickeren Ästen. Wenn die Schoten reif sind, werden sie vom Baum abgeschlagen und zu Sammelplätzen gebracht. Arbeiter öffnen die Schoten mit einem speziellen Messer, das Machete genannt wird. Aus den geöffneten Schoten kratzen die Arbeiterinnen auf den Plantagen 20 bis 50 Bohnen mit Fruchtfleisch heraus und legen sie in großen Kästen aus.

Bis zu sechs Tagen bleiben die Bohnen unter großen Blättern liegen und das Fruchtfleisch fängt an zu gären. Das ist ein besonders wichtiger Vorgang, der die Qualität der Bohnen verbessert. Denn hierbei werden unangenehme Bitterstoffe abgebaut und gleichzeitig werden bestimmte Aromastoffe neu gebildet. Nach dem Trocknen tritt der Rohkakao seine Reise in die Schweiz an.

Die Kakaoschoten hängen direkt am Ast oder Stamm des Kakaobaums.

Hier wird er zuerst auf Sieben und mit Bürsten gründlich gereinigt. Dann kommen verschiedene Kakaosorten in einem geheimen Verhältnis in eine Zerkleinerungsmaschine, in der die Schalen aufgebrochen und entfernt werden. Im nächsten Schritt röstet man die Bohnen bei ungefähr 130° C in einer automatischen Röstanlage. Hierdurch verfeinert sich das Aroma der Kakaobohnen noch einmal. Sie geben einen wunderbaren, leckeren Duft ab und nehmen ihre typische braune Farbe an. Die gerösteten Bohnen werden jetzt in einer speziellen Kakaomühle zerkleinert und mit einer Walze zu einer Kakaomasse vermahlen. Durch den Druck und die Reibung erwärmt sich die Masse und es tritt eine flüssige Kakaobutter aus, die langsam erstarrt.

Die Produktionshalle

Alle weiteren Schritte finden in der großen Produktionshalle von maestrani statt. Frau Knobel öffnet eine Glastür zur Produktionshalle und sofort läuft uns das Wasser im Mund zusammen, so köstlich duftet es hier. Als wir Frau Knobel fragen, ob wir denn auch etwas von der leckeren Schokolade probieren dürfen, lacht sie: »Na sicher. Aber jetzt kommt erst mal mit.« Sie zeigt uns große Silos aus Edelstahl, in denen Zucker, Milchpulver, Kakaomasse und Kakaobutter auf ihre weitere Verarbeitung warten.

Es ist ziemlich laut hier und die meisten Maschinen sind über Förderbänder miteinander verbunden. Alle Mitarbeiter tragen saubere Schutzkleidung und weiße Haarnetze, damit auch ja kein Haar in die leckere Köstlichkeit fällt. Vor einer Art Riesenmixer bleiben wir stehen. »Das ist wie bei einer Küchenmaschine«, erklärt Frau Knobel. »Hier kommen alle Zutaten nach einem streng geheim gehaltenen Rezept hinein und werden vermengt. Dann geht's zum Vorwalzwerk, in dem die Masse platt gewalzt wird und wie dickflüssiger Kuchenteig über ein Förderband weiter zum sogenannten Fünfwalzwerk transportiert wird. In dieser mächtigen Walze wird die braune Masse über fünf Rollen von unten nach oben gezogen, immer platter

Die Produktionshalle von maestrani

gewalzt und feiner gemahlen. An der obersten Walze schabt ein Messer die Masse ab. Die einzelnen Teilchen in der braunen Masse sind jetzt kleiner und feiner als Mehl.

Über ein weiteres Förderband gelangt die Schokoladenmasse zur Conchiermaschine. Diese Maschine, auch Conche genannt, bildet das Herzstück der Anlage. Conche kommt aus dem Spanischen und bedeutet Muschel. Das war die ursprüngliche Form der Maschinen, in denen die Masse mit ganz speziellem Rührwerk stundenlang gerührt wird. Die genaue Rührdauer ist ein weiteres Geheimnis der Schokoladenhersteller, denn sie ist entscheidend für den zarten Schmelz und den feinen Geschmack einer Schokolade.
»Häufig werden besonders gute Schokoladen länger conchiert als weniger hochwertige«, verrät Monika Knobel, »und das kann schon mal zwischen zwölf und 24 Stunden dauern. Durch die lange Belüftung verflüchtigen sich herbe Duftstoffe und die süßlichen Aromen werden weiter verstärkt. In der Conche legt sich ein hauchdünner Film um jedes winzige Teilchen. Und das führt dazu, dass die Schokolade so herrlich schmelzend auf der Zunge zergeht.« Und wieder läuft uns das Wasser sprichwörtlich

im Mund zusammen, während wir auf die duftende Masse schauen, die langsam in der Conche bewegt wird. Gern würden wir jetzt zum Naschen mal unseren Finger in die Rührmaschine halten.

In der Conchiermaschine wird die Schokoladenmasse stundenlang gerührt.

Wenn die Schokolade aus der Conche fließt, schließt sich ein Vorgang an, den die Schokoladenexperten Vorkristallisieren nennen. Er ist wichtig, damit sich die Schokolade später aus der Form löst, den typischen Glanz erhält und beim Brechen nicht bröckelt. Die Schokoladenmasse wird vorsichtig erwärmt, dann etwas abgekühlt und dann noch mal ganz leicht erwärmt. Durch dieses Hin und Her bei verschiedenen Temperaturen erhält sie genau diese gewünschten Eigenschaften.

Gießen und Verpacken

Jetzt läuft die flüssige Schokolade in eine Abfüllmaschine und wird als feiner Strahl in die rechteckigen Formen gefüllt, die unter dem Gießkopf auf einem Förderband herlaufen. Die Formen gelangen anschließend auf eine Rüttelstrecke, auf der sie leicht hin und her geschüttelt werden, damit sich die Masse gleichmäßig verteilt und kleine Luftbläschen entweichen.

Im nächsten Schritt geht es in einen Kühltunnel, den ihr euch wie einen lang gezogenen Kühlschrank mit Förderband vorstellen könnt. Innerhalb von 45 Minuten kühlt die Masse auf 12°C ab und erstarrt. Die fertigen Tafeln werden nur noch aus der Form geklopft und verschwinden dann in Richtung Wickelmaschine.

Schnell nimmt Frau Knobel zwei Tafeln Schokolade vom Band und gibt sie uns. »Bitte, jetzt probiert mal, bevor die Schokolade in der Folie verschwindet«, sagt sie und zeigt auf die automatisch arbeitenden Wickelmaschinen. Sofort brechen wir einen Riegel von der leicht glänzenden, dunkelbraunen Schokolade ab und stecken ihn in den Mund. Tatsächlich, die Schokolade zergeht ganz langsam auf der Zunge und sie schmeckt herrlich. Vom Band in den Mund, das erscheint uns als ein ganz besonderer Genuss.

Die Wickelmaschinen arbeiten schnell und laut. Tafel für Tafel wird in rasender Geschwindigkeit in kleine Bögen Aluminiumfolie gewickelt und dann zur nächsten Packmaschine weitergeleitet. Hier kommt eine bunt bedruckte Banderole aus Papier herum – und die Tafel Schokolade ist fertig.

Mit einigen weiteren verschiedenen Tafeln Schokolade in der Hand verlassen wir die Halle und können uns noch nicht entscheiden, welche Sorte nun unsere neue Lieblingssorte ist.

Die Schokolade duftet verführerisch.

Bundesanstalt für Straßen- wesen

Dieser Dummy wartet auf seinen nächsten »Einsatz«.

Wie läuft ein Crashtest ab?

Sicherheit spielt bei der Entwicklung von neuen Autos eine wichtige Rolle. Um die Insassen bei einem Unfall besser zu schützen und die Gefahr von Verletzungen zu verringern, gibt es vorgeschriebene **Crashtests,** bei denen bestimmte Grenzwerte nicht überschritten werden dürfen. Diese Tests finden in der Bundesanstalt für Straßenwesen statt. Hinter einem großen grauen Rolltor verbirgt sich die Crashtesthalle, in der auf einer 70 Meter langen Bahn Autos gegen einen 90 Tonnen schweren Crashblock gefahren werden oder mit anderen Fahrzeugen zusammenprallen. Natürlich sitzen bei einem Crashtest keine Menschen im Auto, sondern Puppen mit hochempfindlichen, teuren Messgeräten, die Dummys genannt werden. Wir haben zugeschaut, wie Dummys im Dummylabor vorbereitet werden und was bei einem Crashtest passiert.

Für die Crashtests besitzt die Bundesanstalt für Straßenwesen nicht nur eigene Dummys, sondern auch ein eigenes Dummylabor. Hier werden die Dummys auf ihren nächsten Einsatz vorbereitet. Wir treffen uns mit Dirk-Uwe Gehring, dem Geschäftsführer der Firma BGS, die die Vorbereitung der Dummys durchführt. Als sich das unscheinbare Rolltor öffnet, fällt unser Blick zuerst auf eine Reihe von sitzenden Dummys: Es gibt einen Standarddummy, der den Durchschnittserwachsenen vertritt, aber auch eine kleine, zierliche Dummyfrau und einen großen, stattlichen Dummymann. Und es gibt jede Menge verschieden große Kinderdummys, sogar ein Neugeborenendummy ist dabei.

Ein bisschen komisch sehen sie schon aus: Ihre Gesichtszüge sind nur leicht angedeutet, als Gelenke sind Metallscharniere zu erkennen und einige von ihnen haben sogar einen Metall-

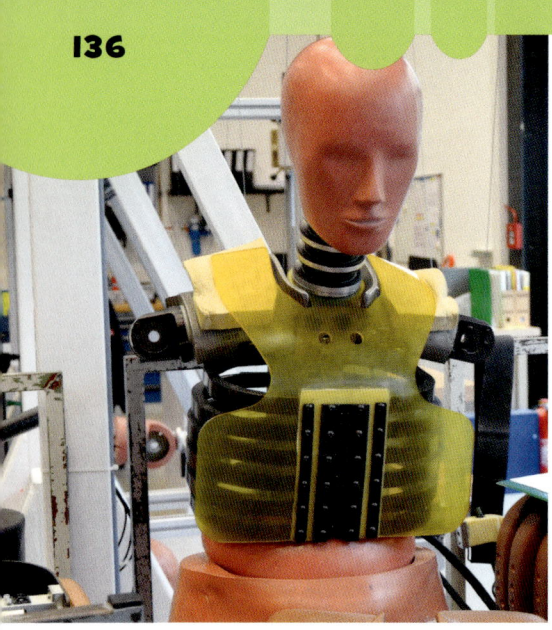

Dummys haben viele Sensoren im Körper.

ring oder Magneten auf dem Kopf, mit dem sie bei Tests an einem Haken in einer bestimmten Position platziert werden können. Ansonsten tragen sie nur bunte Unterwäsche und klobige Lederschuhe.

»Die Dummys tragen immer diese Standardkleidung, damit unterschiedliche Kleidungsstücke, wie dicke Jacken oder dünne T-Shirts, keinen Einfluss auf die Straffung des Sicherheitsgurts haben können. Bei den Schuhen ist es ähnlich. Da die Dummys einheitliche Schuhe tragen, können weder dicke Gummisohlen noch Absätze die Messergebnisse beeinflussen«, erklärt Herr Gehring. »Bei einem Crashtest sitzt der Dummy ja stellvertretend für einen Menschen im Auto. Mit ihm wollen wir möglichst genau herausfinden,

was Menschen in einer vergleichbaren Unfallsituation passiert. Deswegen werden die Tests oft mit unterschiedlichen Arten von Dummys wiederholt, denn der Körper einer 50 kg leichten Frau verhält sich bei einem Aufprall ganz anders als ein 100 kg schwerer Mann. Von außen sieht ein Dummy dem Menschen ähnlich, aber innen ist er mit Schaumstoff, Schrauben und Messinstrumenten vollgestopft. In seinem Körper sind ganz viele Fühler verteilt, die beispielsweise die Kraft beim Aufprall oder die Eindrückung des Brustkorbs messen. Um sicherzustellen, dass der Dummy und seine Messtechnik richtig funktionieren, werden sie nach jedem Crashtest überprüft.«

Wie wird ein Dummy auf den nächsten Crashtest vorbereitet?

Jeder Dummy, der aus einem Crashtest kommt, wird von den Technikern und Ingenieuren des Dummylabors komplett zerlegt, auch wenn man ihm von außen keinen Schaden ansieht. Ein Dummy muss einerseits so empfindlich wie ein Mensch reagieren, damit die Messwerte auf den Menschen übertragen werden können, andererseits sollte er möglichst robust sein, damit keine teuren Ersatzteile wie Fühler oder Sensoren ausgetauscht werden müssen.

Zuerst wird der Dummy ausgezogen und von außen begutachtet. Ist ein Arm verdreht oder sogar gebrochen? Kann man Risse auf der Kunststoffhaut erkennen oder ist der Brustkorb eingedrückt? Im zweiten Schritt werden die einzelnen Teile des Dummys genau überprüft. Dafür werden zum Beispiel Kopf, Hals, Becken und Knie an speziellen Prüfständen einer bekannten Belastung ausgesetzt. An dem angeschlossenen Computer lesen die Techniker dann die Messwerte ab und können erkennen, ob das Bauteil noch in Ordnung ist. Stimmen die Werte nicht, wird das Teil repariert oder ausgetauscht.

Dass ein Dummy im Labor sogar gereinigt und »abgeschminkt« wird, hängt mit den Airbags zusammen, die sich während des Crashtests entfalten. Dabei wird nämlich ein Pulver frei, das sich wie eine feine Staubschicht auf den Dummy legt. Außerdem wird das Gesicht der Dummys vor dem Test mit Farbe markiert: die Stirn rot, die Nase grün und das Kinn gelb. Am Farbabdruck auf dem Airbag können die Techniker nach dem Crash erkennen, ob der Dummykopf zum Beispiel mittig in den Airbag eingetaucht ist. Anschließend kleben die Techniker auf den gereinigten Dummy gelb-schwarze Aufkleber. Sie werden beim nächsten Crashtest als Messpunkte für die Geschwindigkeit und den Bewegungsverlauf während des Aufpralls benötigt.

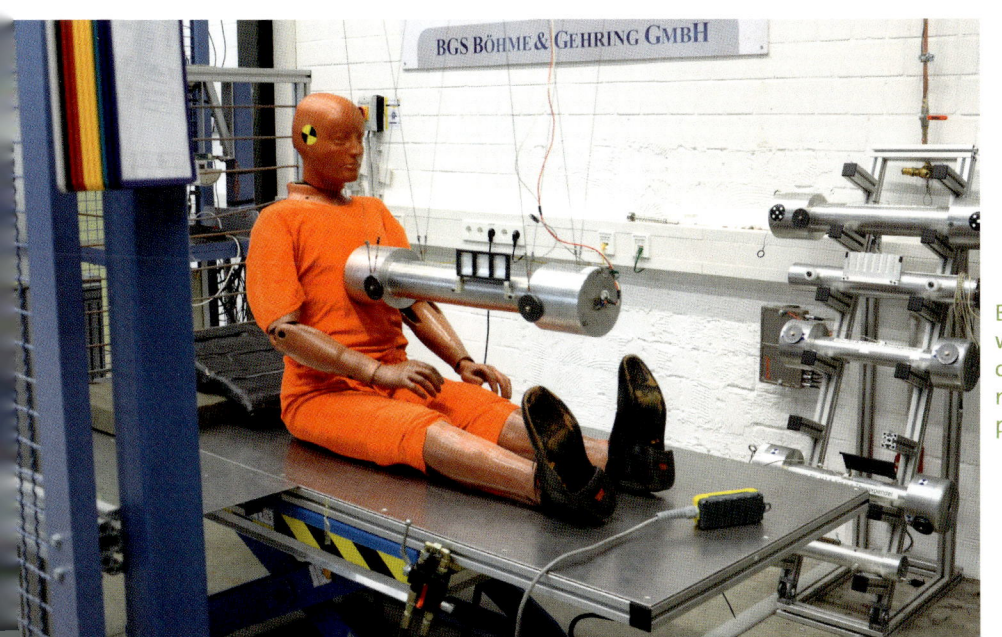

Beim Brusttest wird die Eindrückung der Rippen mit einem Metallpendel getestet.

Bevor ein Dummy das Dummylabor verlässt, muss er einen Abschlusstest bestehen, bei dem ein Metallpendel mit einer bekannten, genau festgelegten Kraft gegen ihn gestoßen wird. Geben seine Fühler den Messwert korrekt wieder, darf er zu seinem nächsten Einsatz in die Crashtesthalle.

In der Crashtesthalle

Als wir die Crashtesthalle durch das riesige Rolltor betreten, finden hier die letzten Vorbereitungen für den anstehenden Test statt. Mit ihm wollen die Experten herausfinden, was mit den Insassen eines Autos passiert, wenn das Fahrzeug mit einem

Fahrradfahrer zusammenstößt. Petra Bauer von der Bundesanstalt erklärt uns: »Der eigentliche Test dauert nur 150 Millisekunden, das kann man mit dem bloßen Auge gar nicht richtig wahrnehmen. Aber davor wird das Auto ungefähr eine Woche vorbereitet und anschließend dauert es einige Tage, bis der Test ausgewertet ist. In jedem Test steckt eine Menge Arbeit.« Wir sehen uns in der Halle um: An einem Ende der Teststrecke gibt es eine Art Klimakammer, in der jetzt das Auto mit zwei Dummys auf den Vordersitzen steht. Das ist notwendig, weil die Messgeräte in den Dummys nur bei einer ganz bestimmten Temperatur die erforderliche Genauigkeit erfüllen. Auch das Auto wurde für

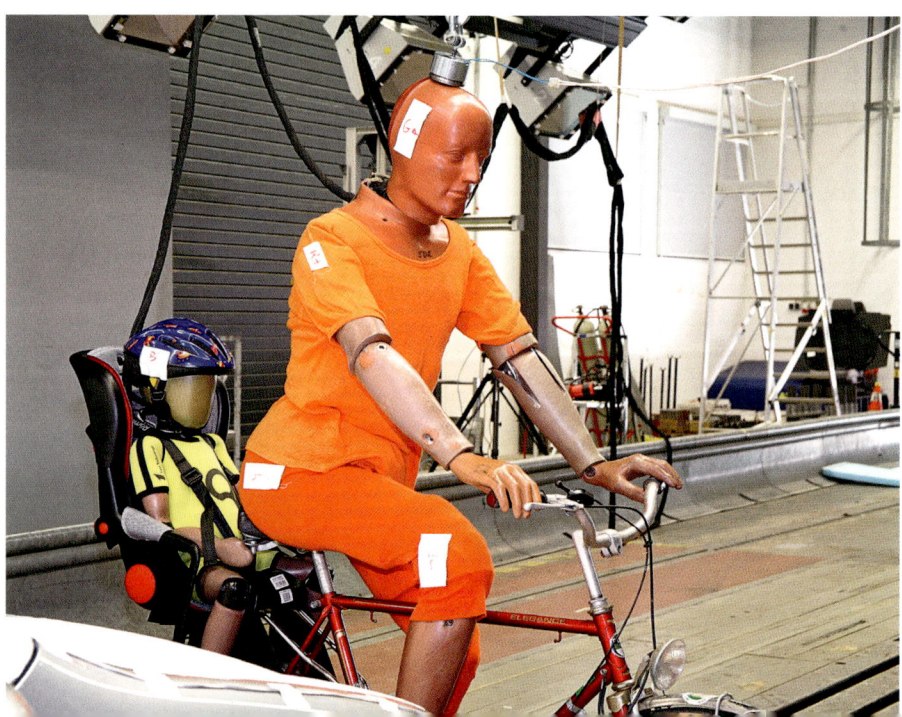

Der Radfahrer wird vom fahrenden Auto erfasst.

des Aufpralls so extrem kurz ist, wird die ganze Fahrt mit Hochgeschwindigkeitskameras gefilmt, die sich rechts und links von der Fahrbahn befinden. Über 1000 Bilder in der Sekunde werden im Licht von riesigen Scheinwerfern gemacht. Anschließend schauen sich die Sicherheitsexperten den Film in Superzeitlupe auf dem Computer an und können jede Kleinigkeit verfolgen und auswerten.

den Crashtest vorbereitet: Der Kofferraum ist voller Messinstrumente, überall kleben Bemessungspunkte, gefährliche Flüssigkeiten wie Benzin und Öl wurden abgelassen und eine zusätzliche Bremsleitung ist für den Notfall verlegt worden. Am anderen Ende der Strecke ist ein dicker Metallblock, der in den meisten Tests als Hindernis dient. Da heute die Auswirkung eines relativ leichten Aufpralls getestet wird, steht hier jetzt ein Dummy mit einem Fahrrad als Hindernis quer zur Fahrtrichtung. Er hat sogar einen kleinen Dummy dabei, der in einem Kindersitz angeschnallt ist und einen Helm trägt.

Jetzt wird das Auto gleich von einem Techniker in der Steuerzentrale in Bewegung gesetzt und mit einem Seilzug über die 70 Meter lange Bahn gezogen. Da der eigentliche Moment

Der Crashtest

Endlich ist es so weit, alle Mitarbeiter haben ihre Vorbereitungen für den Test abgeschlossen und sich in der Steuerzentrale versammelt. Noch ein letzter Kontrollblick und das Auto wird gestartet. Mit 40 km/h wird der Wagen über die Bahn gezogen. Im Augenblick des Aufpralls geht alles unglaublich schnell: Die Motorhaube prallt gegen das Rad und der Dummy des Fahrradfahrers wird sofort vom Sattel geschleudert. Er bleibt auf der Windschutzscheibe liegen. Das Rad kippt um und fällt auf den Boden. Der kleine Dummy wird in seinem Sitz gehalten. Im Auto haben sich die Dummys im Moment des Aufpralls kurz nach vorn gebeugt, sitzen jetzt aber wieder aufrecht in ihren Sitzen. Und dann ist auch schon alles vorbei.

Die Techniker schauen sich die Unfallsituation jetzt aus der Nähe an und
beginnen mit den ersten Auswertun-
gen. Wir fragen Frau Bauer, ob sich
auch ein Airbag entfaltet hat, denn
wir können nichts davon sehen. »Ein
Airbag öffnet sich nur bei größeren
Hindernissen, wenn der Widerstand
größer ist«, erklärt Frau Bauer. »Dann
hätte es im gleichen Augenblick einen
lauten Knall gegeben, im Auto hätten
sich die beiden vorderen Airbags entfaltet und die Köpfe wären in die
Luftkissen gedrückt worden. Wir
hätten es auch gerochen. Das Gas in
den Airbags hat einen eigentümli-
chen Geruch. Es stinkt und staubt,
wenn sie sich öffnen. In diesem Fall
war der Aufprall für die Insassen
nicht stark. Sie sind unbeschadet
davongekommen.«

In den nächsten Tagen werden die
Techniker alle Messdaten auswerten
und sich den aufgezeichneten Film
immer wieder ansehen, bis sie den
ganzen Bewegungsablauf des Unfalls
genau studiert haben. Wir sind noch
ein wenig sprachlos, so sehr hat uns
der Crashtest beeindruckt, und auch
froh, dass mithilfe der Dummys
und der Crashtests die Autos und
der Straßenverkehr ein bisschen
sicherer werden.

Der Crashtest dauert nur Millisekunden.

Musik-produzent Dieter Falk

Dieter Falk mit seinen beiden Söhnen Paul und Max

Wie arbeitet ein erfolgreicher Musikproduzent?

Hinter einer Edelstahltür mit einer großen roten Hausnummer arbeitet einer der erfolgreichsten Musikproduzenten Deutschlands: Dieter Falk. Er hat schon viele Sänger entdeckt, die später zu erfolgreichen Stars wurden, und als Musiker, Komponist und Produzent etliche Platten und CDs im eigenen Tonstudio aufgenommen. Zwischen Mischpult, Keyboards und Computern erklärt uns Dieter Falk, wie er neue Talente entdeckt, Lieder für sie komponiert und mit welchen wirkungsvollen Tricks er die Sänger vor dem Mikrofon zu Höchstleistungen motiviert.

Auf dem Flur zum Tonstudio gehen wir an Bilderrahmen mit Auszeichnungen und Goldenen Schallplatten vorbei, die Dieter Falk für die Produktion von Nr.-1- oder Top-Ten-Hits bekommen hat. Zu seinen bekanntesten Erfolgen gehören die Gruppen Pur

und Monrose, aber auch viele erfolgreiche Sänger wie Detlev Jöcker oder beispielsweise Karel Gott, dessen Stimme ihr bestimmt aus der Zeichentrickserie Biene Maja kennt.

Das Tonstudio liegt schallgeschützt im Keller und besteht aus zwei Räumen, die durch ein großes Fenster miteinander verbunden sind. Bei den Aufnahmen ist der größere Raum Dieter Falks Arbeitsplatz. Natürlich gibt es hier auch einen Schreibtisch mit Stuhl, einer Lampe, viele Briefe, Papiere und Fotos. Außerdem zwei Computer, mehrere Keyboards und ein riesiges Mischpult mit vielen Knöpfen und Reglern. »Hiervor sitze ich und steuere alles, was aufgenommen wird«, erklärt der Produzent. »Der Sänger steht vor seinem Mikrofon so hinter der Scheibe, dass ich ständig Blickkontakt mit ihm habe. Es gibt aber auch genügend Platz für eine Band im Studio, dann hat jedes Instrument sein eigenes Mikrofon, ein Schlagzeug manchmal sogar elf oder zwölf.«

Wie wird ein neues Talent entdeckt?

Wir wollen von Herrn Falk wissen, wie er denn überhaupt auf ein neues Talent aufmerksam wird. Bis vor einigen Jahren bekam der Produzent täglich etwa zehn CDs mit neuen Liedern zugeschickt, erzählt er. Heute senden ihm die Bewerber eine E-Mail mit einem Videolink. Über den kann er sich die Musik im Internet anhören und sich so ein Bild von dem Musiker machen. Dabei ist der erste Eindruck ganz wichtig. Herr Falk beschreibt sich als einen Scout, also einen Talentsucher, der immer nach neuen Trends und Talenten Ausschau hält: »Wenn ich mir ein Video das erste Mal ansehe, muss es ganz schnell ›klick‹ machen. Die ersten Sekunden entscheiden darüber, ob ich etwas interessant finde und weiterschaue oder nicht. Wichtig ist ein gutes Intro, also ein interessanter Auftakt, eine ungewöhnliche Melodie oder eine persönliche Note in der Stimme. Der Musiker sollte das gewisse Etwas haben«, beschreibt Herr Falk.

Dieter Falk am Mischpult

Nur wenn ihn das Video neugierig macht, meldet er sich bei dem Bewerber und trifft sich mit ihm. Beim ersten Treffen achtet er noch mal ganz genau auf die Stimme, aber der Künstler muss ihm auch sympathisch sein und eine besondere Ausstrahlung haben. Ein neues Talent zu einem Star aufzubauen, ist schwierig und die Voraussetzungen dafür muss der Musiker bereits mitbringen, glaubt Dieter Falk. Überzeugt und begeistert ihn der Musiker, beginnen die Verhandlungen für einen Plattenvertrag mit einer Plattenfirma. Dafür werden zunächst im Tonstudio mehrere Lieder aufgenommen.

Oft arrangiert Dieter Falk die Stücke selbst. Zuerst komponiert er die Melodie. Daraus ergeben sich die Noten für die einzelnen Instrumente. Es gibt dann beispielsweise eigene Noten für die Gitarre, den Bass und das Schlagzeug oder sogar für ein großes Orchester. Bevor der Sänger zur Aufnahme ins Studio kommt, wird schon mal das Instrumentalplayback einge-

spielt, so nennen das die Musiker, wenn sie die Instrumente zuerst aufnehmen. Hierbei bekommt jedes Instrument eine eigene Tonspur zugewiesen, damit es später einzeln am Mischpult ausgesteuert werden kann. Das können bei einem aufwendigen Stück bis zu 100 Tonspuren sein. Und das ist eine schwierige und manchmal auch sehr kniffelige Sache. Bis sich die Musik so anhört, wie es sich der Komponist vorgestellt hat, vergehen manchmal Tage. Dieter Falk sitzt dann vor seinem Mischpult, hat manchmal auch den Kopfhörer auf und dreht immer wieder ein bisschen an unterschiedlichen Reglern und Knöpfen. Dabei probiert er verschiedene Mischungen aus, verändert die Lautstärke der einzelnen Instrumente und legt einen Hall- oder einen Verzögerungseffekt auf eine Tonspur, sodass sich der Klang eines einzelnen Instruments ändert. Bevor er sich auf eine Mischung festlegt und sie endgültig abspeichert, überprüft er noch den Sound auf verschiedenen Lautsprechern. Denn später soll es immer gut klingen, mit einfachen Boxen genauso wie mit Lautsprechern einer hochwertigen Anlage. Erst wenn Dieter Falk mit seiner Mischung zufrieden ist, kommt der Sänger für die Aufnahme ins Studio.

Wie wird im Tonstudio der Gesang eingespielt?

Wir durften bei einer besonderen Aufnahme zuhören: Dieter Falk hat mit seinen Söhnen eine eigene Band gegründet: »Falk & Sons.« Heute nimmt er mit seinem Sohn Paul den Gesang zur CD auf. Er erklärt uns: »Paul hat zwar schon eine Menge Erfahrung, muss aber jetzt nach dem Stimmbruch seine Stimme neu ausprobieren.« Der Produzent sagt Paul genau, an welchen Stellen er beispielsweise mit voller Stimme singen soll, wann er sie zurücknehmen oder gefühlvoller klingen lassen muss. Nachdem sich Paul warm gesungen hat, spielt Dieter Falk die Musik für das Playback ein. Das englische Wort playback steht für Wiedergabe, da die Musik nicht live gespielt wird, sondern vom Band kommt. Das ist für die Gesangsaufnahme eine enorme Erleichterung, denn die Stücke können beliebig oft wiederholt werden. »Für die meisten Sänger sind die Aufnahmen unglaublich schwierig«, beschreibt Dieter Falk. »Ein Sänger muss in dem Augenblick alles geben, das Innerste seiner Gefühle zeigen.«

Dieter Falk bespricht die einzelnen Lieder mit seinem Sohn und gemeinsam erarbeiten sie sich Stück für

Stück. »Im Studio ist es meine Hauptaufgabe, die Sänger zu motivieren, ihnen ein positives Gefühl zu geben und dafür zu sorgen, dass die Stimmung gut bleibt. Nur dann sind wir kreativ und schaffen was.« Mit einem dicken Kopfhörer auf den Ohren steht Paul hinter der Scheibe und singt nach den Anweisungen des Produzenten ins Mikrofon. Einige Stellen muss Paul ganz schön häufig wiederholen, während Dieter Falk den Klang immer wieder verändert. »Paul arbeitet ziemlich konzentriert, er ist mit 15 Jahren schon fast ein ›alter Hase‹ im Studio, aber gerade fällt es ihm schwer«, stellt der Produzent mit einem Blick auf Paul durch die Scheibe fest. »Passt mal auf! Wenn ich merke, dass ein Sänger eine Aufmunterung braucht, greife ich zu ein paar Tricks. Ich gebe ihnen durch den Kopfhörer einen schönen Sound aufs Ohr oder ich lege ein Echo auf die Stimme. Wartet mal, das lockert die Stimmung

Falk & Sons auf der Bühne

bestimmt auf.« In diesem Augenblick ertönt Pauls Stimme im ganzen Raum und es hört sich tatsächlich so an, als stünde er mitten in den Bergen. Paul kichert und Dieter Falk zeigt lachend auf einen kleinen schwarzen Knopf an der rechten Seite des Mischpults.

Kurze Zeit später nehmen die beiden das nächste Lied auf. So ein Studiotag kann ziemlich anstrengend sein, durchschnittlich schafft der Produzent nur ein bis zwei Lieder. Anschließend benötigt man pro Stück noch einmal einen ganzen Tag zum Mischen. Hierbei feilt Dieter Falk an der aufgenommenen Stimme und macht schiefe Töne wieder gerade, wie er selber sagt. Für die Aufnahme einer CD plant der Produzent im Durchschnitt einen Monat ein.

Bei Falk & Sons ist der Produzent aber zugleich auch Musiker, Komponist und gibt seit 2009 mit seinen Söhnen Konzerte. Die Idee hierzu hatte er nicht selbst, sondern ein befreundeter Theaterintendant, der die drei zum ersten Mal gemeinsam auf die Bühne brachte. Paul ist 15 Jahre alt und spielt Orgel, sein 17-jähriger Bruder Max spielt seit zwölf Jahren Schlagzeug und Dieter Falk selbst ist am Keyboard. Wenn der Produzent bei den Proben seinen Söhnen Tipps gibt, Änderungen für das Schlagzeug ansagt oder das Tempo erhöht, sausen die Hände noch ein bisschen schneller über die Tasten und man merkt allen dreien an, dass ihnen die gemeinsame Musik sehr viel Spaß macht.

3-D-Labor
der Technischen
Universität
Berlin

Joachim Weinhold
legt am 3-D-Drucker
den ausgedruckten
Kopf frei.

Wie können Wissenschaftler in 3-D drucken?

In einem Institut für Mathematik gibt es hinter fast jeder Tür Computer und Drucker. So ist das auch an der Technischen Universität in Berlin. Aber hinter einer der gelben Holztüren soll ein ganz außergewöhnlicher Drucker stehen. Das Hinweisschild »Nur für berechtigte Personen« weist uns den Weg zum 3-D-Labor von Prof. Schwandt. Hier steht der Drucker, der Figuren aus Gips druckt, die man anschließend in die Hand nehmen kann. Das hört sich fast wie in einem Science-Fiction-Film an, aber die Wissenschaftler drucken mit diesem Gerät tatsächlich Skulpturen, kleine Maschinenteile, Modelle von Museumsstücken und Fossilien wie zum Beispiel Dinosaurierknochen aus.

»Wie soll das bloß funktionieren?«, fragt ihr euch jetzt bestimmt. Klar, Papier kann längs und breit bedruckt werden, aber wie druckt ein Gerät in die Höhe? Erwartungsvoll öffnen wir die Tür zum Büro des 3-D-Labors. Am

hinteren Ende des Raums steht ein langer Tisch, auf dem verschiedene Gegenstände aus Gips liegen. »Dies sind ein paar Beispiele, die wir schon gedruckt haben. Ein Modell von einem Bärenkopf, eine kleine Schachfigur und ein Modell von einem Haus, das ein Architekturstudent für seine Prüfung gezeichnet hat«, erläutert Joachim Weinhold, einer der Mitarbeiter des 3-D-Labors. »Wenn wir eine Vorlage haben, können wir eigentlich fast alles drucken.«

Staunend betrachten wir zuerst die Modelle und schauen uns dann im Raum um. Es ist kein Drucker zu sehen. Neben einigen Computern entdecken wir aber ein anderes, seltsam aussehendes Gerät. Es ist eine Art Projektor mit einer Lampe, zwei Kameras und einem Drehteller davor. »Das ist unser Streifenlichtscanner«, erklärt Ben Jastram, der stellvertretende Leiter des 3-D-Labors. »Bevor wir etwas drucken, brauchen wir Daten, wie für jeden anderen Drucker auch. Wir stellen den Gegenstand dafür auf den Drehteller. Während sich der Teller langsam dreht, tastet der Scanner mit seinem Lichtstrahl den Gegenstand ab und die beiden Kameras machen von jeder Messung Aufnahmen, wir scannen das Objekt.«

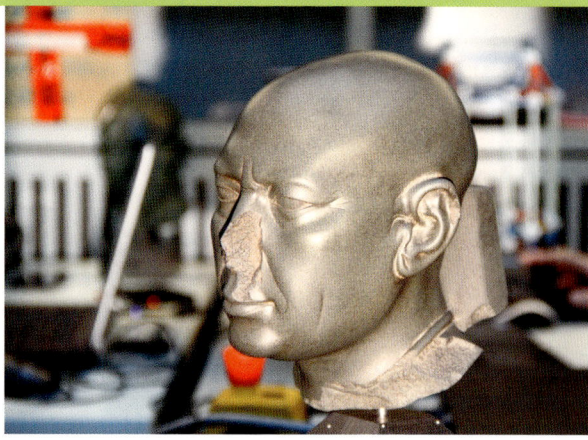

Der Grüne Kopf im Ägyptischen Museum

Der Streifenlichtscanner

Dieser Vorgang ist kompliziert. Ihr könnt euch das ein bisschen wie bei einem Scanner an der Kasse vorstellen. So ähnlich, wie dieser Scanner mithilfe eines Lichtstrahls die Artikel an ihrem Barcode auf dem Band erkennt, erfasst der Streifenlichtscanner ohne Berührung jede Ecke, Kante oder Unebenheit des Gegenstands auf dem Drehteller. Stück für Stück dreht sich der Teller weiter und bei jeder Messung machen die Kameras Bilder. Das können oft mehrere Hundert Aufnahmen sein. Diese werden als Daten an einen Computer geschickt und hier in einem sehr komplizierten Rechenvorgang wieder zu einem 3-D-Bild auf dem Bildschirm zusammengesetzt. Und diese Bilddaten werden dann zum 3-D-Drucker gesendet.

Bevor wir zum Drucker gehen, wollen wir uns den komplizierten Vorgang des Scannens anhand eines Beispiels erklären lassen. Hierfür wählt Ben Jastram eine besonders wertvolle Skulptur aus dem Ägyptischen Museum in Berlin aus, die er am Tag zuvor eingescannt hatte. Er erklärt ausführlich: »Der sogenannte Grüne Kopf ist ungefähr 2400 Jahre alt und stellt das Gesicht eines ägyptischen Priesters dar. Die Skulptur wird demnächst in Frankreich gezeigt, deshalb möchte das Ägyptische Museum eine Kopie ausstellen. Der Kopf ist so kostbar, dass er nicht berührt werden darf und deshalb auch kein Abguss direkt von ihm angefertigt werden kann. Wir sollen jetzt einen 3-D-Druck von ihm erstellen, der dann als Vorlage für einen normalen Gipsabguss dient. Aus diesem Grund haben wir gestern unsere Ausrüstung für diesen Scan im Ägyptischen Museum aufgebaut. Es war ein bewegender Moment, als uns die Restauratorin des Museums die jahrtausendealte Skulptur aus der Vitrine geholt und auf unseren Arbeitstisch gestellt hat.«

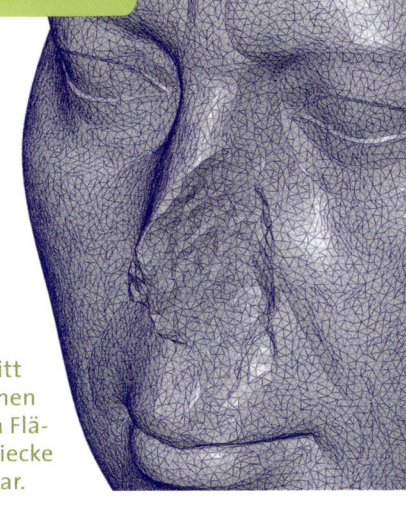

Normalerweise bekleben die Experten die Objekte vor dem Scan mit vielen kleinen schwarzen Klebepunkten. Die Punkte helfen dem Computerprogramm die einzelnen Bilder später richtig zu sortieren und zusammenzusetzen. Der Computer benutzt sie wie eine Art Wegweiser auf der Oberfläche des Gegenstands. Da der Grüne Kopf aber nicht berührt und erst recht nicht beklebt werden darf, mussten sich die Wissenschaftler einen Trick ausdenken: Mit einem Steckspielzeug bauten sie ein Gerüst rings um den Kopf und beklebten das Gerüst mit den schwarzen Klebepunkten. An diesen Klebepunkten konnte sich der Computer bei seinen Berechnungen orientieren.

Auf diesem Bildausschnitt sind die kleinen berechneten Flächen als Dreiecke gut erkennbar.

»Mit jeder Messung erhielt der Computer ganz viele Daten. Hieraus berechnete er über einen langen Rechenvorgang kleine Dreiecke, die wir jetzt hier als Flächen auf dem Bildschirm sehen können. So wurde jede Wölbung, jede Erhöhung oder Vertiefung genau gemessen und berechnet«, beschreibt Ben Jastram. »Und so sieht das aus.« Herr Jastram zeigt uns einen Bildausschnitt mit den kleinen Dreiecken auf dem Computer.

Der 3-D-Druck

Während wir uns die kleinen Dreiecke ansehen, die sich wie ein feines Netz über den Grünen Kopf auf dem Bildschirm ziehen, werden die Daten auch schon an den Drucker geschickt, der sich im Nebenraum befindet. Gespannt drücken wir die Türklinke hinunter und betreten den Raum. Der Drucker ist ein großes, viereckiges Gerät mit einem durchsichtigen Deckel und erinnert uns ein bisschen an eine Waschmaschine. Joachim Wein-

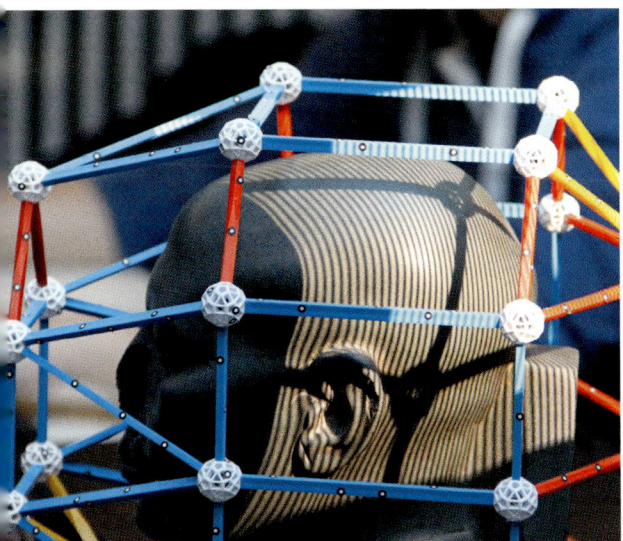

Weil der Kopf nicht berührt werden darf, haben die Mitarbeiter für den Scan ein Gerüst aus Steckspielzeug gebaut.

hold öffnet den Deckel und zeigt uns den Drucker von innen. Wir erkennen zunächst nur zwei Becken, die mit einem speziellen Gipspulver gefüllt sind, und einen Druckerarm, der sich von links nach rechts bewegen kann. Das linke Becken ist das Materiallager und bei Druckbeginn randvoll, während im rechten Becken nur eine ganz dünne Gipsschicht zu erkennen ist.

Jetzt hat der Drucker seine Daten erhalten und sofort gleitet der Druckerarm gleichmäßig von links nach rechts und schiebt jedes Mal eine dünne Gipsschicht vom Vorratsbecken zum Druckbecken. So wird eine hauchdünne Gipsschicht über die nächste gelegt. Dabei sinkt das Druckbecken jedes Mal ein winziges Stück nach unten und das Vorratsbecken fährt ein kleines bisschen weiter nach oben, damit der Druckerarm beim nächsten Mal wieder eine Schicht Gips verschieben kann. Am Ende des Drucks ist das linke Becken fast leer und das rechte ganz voll. Die einzelnen Gipsschichten verhalten sich dabei wie einzelne Blätter beim Ausdruck eines mehrseitigen Textes. Sie stapeln sich übereinander.

Die Druckköpfe am Druckerarm stammen sogar von einem

Tintenstrahldrucker. Doch bevor sie in den 3-D-Drucker eingesetzt wurden, ist die Tinte durch farbigen, flüssigen Klebstoff ersetzt worden, das ist wichtig. Und so ähnlich, wie ein Tintenstrahldrucker anhand seiner Daten weiß, wo er wie viel Tinte auf das Papier drucken muss, weiß der 3-D-Drucker, wo und wie viel Klebstoff er an einer bestimmten Stelle in den Gips auftragen darf.

In jeder neuen Gipsschicht verbindet sich der Kleber also an bestimmten Flächen mit dem Gips der darunterliegenden Schicht. So entsteht im Druckbecken nach und nach ein Stapel dünner Gipsschichten, die an bestimmten Stellen durch den Klebstoff zusammengehalten werden. Vielleicht ahnt ihr es schon: Diese zusammengeklebten Gipsschichten nehmen nach und nach die Form des Grünen Kopfes an. Er wird auf der Seite liegend hergestellt. Das rechte Ohr entsteht zuerst und das linke Ohr folgt später mit den letzten Gipsschichten.

Als Herr Weinhold den Deckel wieder öffnet, sind wir richtig gespannt. Erwartungsvoll blicken wir zunächst auf eine weiße, glatte Oberfläche. Vorsichtig wischt der Experte das überschüssige, nicht verklebte Gipspulver weg – und schon tauchen die

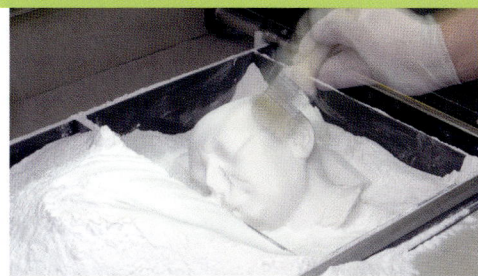

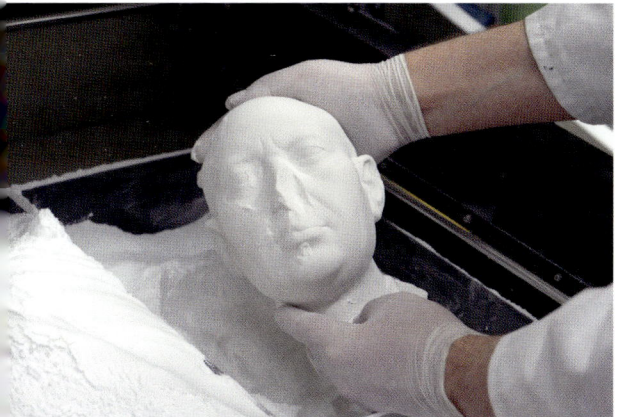

Der Kopf wird aus dem Druckbecken geholt.

Epoxydharz bestrichen. Das Kunstharz verleiht dem Kopf zusätzliche Festigkeit, damit von dem Gips nicht so leicht etwas abbröckelt.

Nach einer guten Woche kann der 3-D-Druck des Grünen Kopfs seinen Weg in die Gipsformerei der Staatlichen Museen zu Berlin antreten. Herr Schelper ist Kunstformer und fertigt dort einen Abguss von dem 3-D-Kopf an, der erst bemalt und dann ins Ägyptische Museum gebracht wird. Hier wird der Abguss jetzt anstelle des Originals für einige Wochen in der Vitrine stehen. Bemalt ist er wirklich nur noch ganz schwer von seinem Original zu unterscheiden.

Die Arbeitsgruppe von Prof. Schwandt freut sich, dass der 3-D-Druck so vielfältig einsetzbar ist und sie an so vielen spannenden Projekten mitarbeiten können. Als Nächstes steht übrigens der Druck eines versteinerten Dinosaurierknochens an.

ersten festen Konturen des Kopfes auf. Stück für Stück legt der Wissenschaftler den Kopf mit einem feinen Pinsel frei. Dann ist es endlich so weit und Herr Weinhold kann den Kopf vorsichtig aus dem Gipsbecken herausheben und stellt ihn jetzt in ein Reinigungsgerät. Mit einer Druckluftdüse werden die letzten Reste des Gipspulvers weggepustet und eingesammelt, um sie für den nächsten Druck wiederzuverwenden.

Ganz vorsichtig dürfen wir den Kopf in die Hand nehmen. Die Ohren, die Gesichtszüge, sogar jede Falte entspricht dem Original. Damit der Kopf stabil bleibt, wird er, wie alle anderen 3-D-Drucke, mit einem Pinsel und

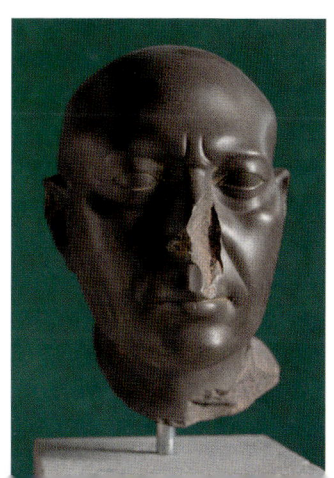

So sieht die fertige Kopie des Grünen Kopfs aus.

Tower am Flughafen Köln/Bonn

Wie regeln Lotsen den Flugverkehr?

Jeden Tag starten und landen ungefähr 360 Flugzeuge am Flughafen Köln/Bonn. Das sind mehr als 130 000 Flugbewegungen im Jahr. Damit nichts passiert und der Flugverkehr sicher und reibungslos verläuft, werden alle Flugzeuge von Fluglotsen der DFS, der Deutschen Flugsicherung, über Funk begleitet und kontrolliert. Während des Start- und Landevorgangs übernimmt der Towerlotse die Kontrolle, danach unterstützen Radarlotsen aus verschiedenen Kontrollzentren am Boden den Piloten in der Luft. Wir sind am Flughafentower Köln/Bonn mit dem Fluglotsen Jan Gattermann verabredet. Er will uns seinen Arbeitsplatz hoch über dem Rollfeld zeigen und uns die Arbeit eines Towerlotsen ganz genau erklären.

Der Weg zum Tower führt am Flughafen Köln/Bonn durch mehrere Kontrollen, da der Tower im Sicherheitsbereich des Flughafengeländes liegt. Wir melden uns im Büro der Einfahrtskontrolle an und bekommen eine Genehmigung zur Weiterfahrt,

einen Ausweis für unser Auto und einen Fahrzeuglotsen zugewiesen. Dieser Lotse wird uns zum Tower begleiten. Doch vorher geht es zur Personenkontrolle: Wie ein Fluggast müssen wir unsere Schuhe ausziehen und unsere Jacke zusammen mit dem Inhalt unserer Taschen auf einem Fließband durch das Durchleuchtungsgerät schicken. Zusätzlich gehen wir durch ein Tor mit einem Metalldetektor und werden auch noch abgetastet. Erst dann dürfen wir zurück zu unserem Wagen.

Sogar das Auto wird genau kontrolliert. Ein Sicherheitsbeauftragter durchsucht den Kofferraum, das Handschuhfach und alle anderen Fächer. Danach öffnet er die Schranke und wir folgen dem Fahrzeuglotsen, der direkt hinter der Schranke auf uns wartet, bis zum Tower. Der Fahrer weist uns einen Parkplatz zu und begleitet uns höchstpersönlich bis zu Jan Gattermann. Auf einem Protokollbogen bestätigt Herr Gattermann unsere Ankunft.

Jan Gattermann kommt nur mit seinem Dienstausweis in die Kanzel.

»Wir müssen auch jeden Tag durch die Personen- und Fahrzeugkontrolle und unseren Dienstausweis vorzeigen«, erklärt der Fluglotse. Er schließt eine weiße Brandschutztür in der Eingangshalle des Towers auf und wir fahren mit einem Aufzug nach oben. »Hier gibt es eine zweite, ganz wichtige Sicherheitstür, die sich nur mit einem speziellen Ausweis öffnen lässt.« Jan Gattermann hält den Ausweis auf ein Lesegerät neben dem Türrahmen. »Sicherheit wird hier ganz großgeschrieben, denn ein Tower darf natürlich unter keinen Umständen in die Hände von Terroristen oder Erpressern gelangen.« Die Tür springt auf und wir gelangen über eine kleine Wendeltreppe in die runde, gläserne Kuppel des Towers, die auch Kanzel heißt.

Der Blick aus dem Tower

Die Towerkanzel

In diesem Raum gibt es rundherum Fenster und die Aussicht ist überwältigend. In der Ferne zeichnet sich der Kölner Dom winzig klein, aber gestochen scharf gegen den Horizont ab. Dagegen wirken die Flugzeuge, die nur wenige Meter entfernt zu unseren Füßen über die Landebahn rollen, riesengroß. Fasziniert drehen wir uns langsam im Kreis und bewundern den freien 360°-Panoramablick. »Das ist auch der Grund, warum die letzte Etage nur eine Treppe hat. Ein Aufzug würde uns die Sicht nehmen, egal ob er irgendwo am Rand der Kanzel oder mitten im Raum stehen würde«, kommentiert der Lotse unser Staunen.

Jetzt sehen wir uns im Raum um. Direkt an den Fenstern stehen Schreibtische mit mehreren Monitoren, auf denen etliche Tabellen und Zahlenkolonnen abgebildet werden. Davor liegen Ferngläser und verschiedene Funkgeräte auf den Arbeitsflächen. An drei Schreibtischen sitzen Lotsen und geben per Funk verschiedene Anweisungen durch. »Viele Menschen glauben, dass ein Fluglotse mit Kellen auf der Landebahn steht und die Maschinen einweist, aber unser Arbeitsplatz ist hier oben, vor den Bildschirmen. Unsere Arbeit kann

man vielleicht ein bisschen mit einem Staffellauf vergleichen. Das Flugzeug ist der Stab und wird von einem Lotsen zum nächsten weitergegeben. Es gibt drei Towerlotsen, die das Flugzeug in den sogenannten Lotsenpositionen nacheinander begleiten. Dann verlässt es den Luftraum vom Flughafen und wird an die Radarlotsen in den Kontrollzentren abgegeben. Diese beobachten das Flugzeug auf seinem Weg durch den Luftraum über Deutschland, bis es in den Bereich des Landeflughafens kommt und hier wieder an die Towerlotsen abgegeben wird. Wenn das Flugzeug den Luftraum über Deutschland verlässt, wird es an ausländische Kontrollzentren abgegeben. Die Piloten nutzen Luftverkehrsstrecken am Himmel, die fast mit Autobahnen zu vergleichen sind, und die An- und Abflüge finden in klaren Korridoren statt«, erzählt Jan Gattermann.

Die drei Towerlotsen

Jetzt müssen wir ganz still sein, denn ein Pilot nimmt gerade über Funk Kontakt mit dem Towerlotsen der ersten Position auf. Das Gepäck und die Passagiere sind schon an Bord der Maschine und er benötigt die Anlassfreigabe für die Triebwerke des Flugzeugs. Der Towerlotse überprüft alle Flugdaten, wie zum Beispiel die Flughöhe, und teilt dem Piloten die genaue Flugroute mit, die das Flugzeug nach dem Start nehmen soll.

Sind alle Daten korrekt, bekommt der Pilot das Okay vom Towerlotsen und startet die Motoren. Das ist der Moment, in dem der erste Lotse die Verantwortung für die Maschine an seinen Kollegen in der zweiten Position abgibt, der für die Rollanweisung zuständig ist. In diesem Schritt wird das Flugzeug vom Gate über die Rollwege bis zur Startbahn geleitet. Die meisten Flugzeuge werden dabei von kleinen Autos, den sogenannten Schleppern, rückwärts aus ihrer Parkposition vom Gate gedrückt. Diese Aktion wird auch pushback genannt. Die großen Flieger sind auf die kleinen, starken Kraftprotze angewiesen, denn die meisten Maschinen können nicht rückwärtsfahren. Mit einer Schubstange und ungefähr 500 PS bewegt der Schlepper das Flugzeug jetzt auf das Vorfeld. Dann rollt es auf Anweisung des Lotsen auf

Auf den Displays kann der Fluglotse alle wichtigen Daten ablesen.

seine Startposition. Der Lotse beob-achtet dabei den rollenden Verkehr, damit dem Flugzeug weder Gepäck-wagen, Rasenmäher, Feuerwehrautos, Kontrollfahrzeuge oder andere Flug-zeuge in den Weg kommen.

An der Startposition übernimmt der dritte Lotse, der Platzlotse, das macht gerade Herr Gattermann. Er erteilt die Start- und Landefreigabe und muss dabei den ganzen Luftraum des Flughafens im Blick haben, damit sich die startenden und landenden Flug-zeuge nicht zu nahe kommen. Nicht nur Passagierflugzeuge, sondern auch Bundeswehr- und Polizeihubschrau-ber, Frachtflugzeuge und kleine Sport-flieger gehören dazu. Und jederzeit kann es beispielsweise durch die Landung eines Rettungshubschrau-bers zu kurzfristigen Änderungen kommen. Gespannt hören wir jetzt dem Funkgespräch zu. Der Pilot ist zum Abflug bereit und sendet den

Funkspruch Ready for departure zum Tower. Herr Gattermann teilt dem Piloten daraufhin die Windrich-tung und Windgeschwindigkeit mit. Bei einem Gewitter bekommt der Pilot noch besondere Informationen. »Gewitter sind immer eine besondere Herausforderung für uns«, erklärt uns der Fluglotse. »Denn wir versuchen, die Flugzeuge an den Gewittern vor-beizuleiten, wenn das möglich ist.«

Dann gibt Herr Gattermann die Start-freigabe Cleared for Take-off. Das Flugzeug setzt sich in Bewegung. Schnell nimmt es Geschwindigkeit auf, saust über die Startbahn an der Towerkanzel vorbei und hebt wenige Momente später ab. Kurz danach können wir nur noch einen immer kleiner werdenden Punkt am Himmel erkennen. »Jetzt verlässt es den Luft-raum des Flughafens und wird an das Kontrollzentrum in Langen abgege-ben. Hier kontrolliert ein Radarlotse

Der Hubschrauber fliegt ganz nah vorbei.

das Flugzeug am Bildschirm so lange, bis es in den Bereich des nächsten Fluglotsen kommt. So wird das Flugzeug von einem Fluglotsen zum nächsten übergeben. Von da aus wird es dann wieder an die Towerlotsen in München abgegeben«, erklärt uns Jan Gattermann und fängt plötzlich an zu schmunzeln. »Schaut mal! Wir bekommen Besuch von der Bundespolizei!«

Und tatsächlich kommt gerade ein Hubschrauber ziemlich nah an den Tower herangeflogen, umkreist ihn und dreht dann wieder ab. Die Flug-

lotsen winken dem Piloten zu. »Der Hubschrauber ist auf einem Kontrollflug. Ich habe dem Piloten gerade über Funk gesagt, dass wir Besuch haben, und da ist er wohl neugierig geworden«, verrät einer der Kollegen von Herrn Gattermann lächelnd.

Die Stimmung hier oben im Tower ist insgesamt viel lockerer, als wir uns das vorgestellt hatten. Zwischen den Funkkommandos bleibt immer noch ein bisschen Zeit für Erklärungen, ein kurzes Gespräch oder einen Scherz. »Wenn es keine Besonderheiten gibt, arbeiten wir konzentriert, aber es ist auch eine gewisse Routine dabei. Solange wir uns dabei unterhalten, ist es ein Zeichen dafür, dass alles normal läuft. Ganz still wird es im Tower nur, wenn es zu einer gefährlichen Situation kommt. Dann sind alle ausschließlich auf ihre Arbeit konzentriert und man hört nur noch die Funkkommandos«, beschreibt Herr Gattermann.

Ungefähr alle zwei Stunden machen die Fluglotsen eine Pause und wechseln die Position, damit ihre Konzentration nicht nachlässt. So behalten sie den Luftraum, die Startbahnen und die Monitore die ganze Zeit aufmerksam im Blick. Die Lotsen arbeiten im Schichtdienst, da hier rund um die Uhr Flugzeuge landen und starten. Nach fünf Tagen Arbeit hat Jan Gattermann drei bis vier Tage frei. Da ein Lotse zu jeder Zeit und in jeder Situation die Ruhe und die Nerven bewahren muss und dabei die Verantwortung für mehrere Hundert Menschenleben trägt, werden die Lotsen vor ihrer Ausbildung auf bestimmte Charaktereigenschaften getestet. Dann schließt sich eine dreijährige Ausbildung zum Fluglotsen an.

Bei Jan Gattermann ist das mittlerweile sechs Jahre her und seitdem arbeitet er im Tower am Flughafen Köln/Bonn. Natürlich hat er in dieser langen Zeit auch schon die ein oder andere kritische Situation erlebt, wenn beispielsweise das Fahrwerk eines Flugzeugs klemmte oder ein Sportflieger notlanden musste. Er erklärt uns, dass man dann schnell und überlegt handeln muss. Aber es ging immer alles gut und bis heute macht ihm sein verantwortungsvoller Job immer noch sehr viel Spaß, erzählt uns der Fluglotse, während wir mit dem Aufzug wieder nach unten fahren.

Wie wird man Fluglotse?

Bevor ein Bewerber einen Ausbildungsplatz zum Fluglotsen erhält, muss er an einem mehrtägigen Auswahlverfahren teilnehmen. Dabei werden seine Englischkenntnisse getestet und auch seine Belastbarkeit in Stresssituationen. Außerdem muss er über ein gutes räumliches Vorstellungsvermögen verfügen und multitaskingfähig sein, also mehrere Dinge problemlos gleichzeitig machen können.

Bernhard-Nocht-Institut für Tropenmedizin

Wie erforschen Wissenschaftler die gefährliche Krankheit Malaria?

Hoch über den Landungsbrücken von St. Pauli liegt das Hamburger Bernhard-Nocht-Institut für Tropenmedizin. Als es vor über 100 Jahren gegründet wurde, kamen täglich Schiffe aus der ganzen Welt im Hafen an. Nicht selten litten die Matrosen unter schweren Durchfällen, hohem Fieber und Schüttelfrost, den ersten Anzeichen für das damals meist tödliche Sumpffieber, auch Malaria genannt. Die Seefahrer wurden im Institut von Ärzten behandelt, die die Krankheit erforschten und nach Medikamenten suchten. Heute gibt es das Institut noch immer und das große Ziel seiner Wissenschaftler ist die Mitentwicklung eines Impfstoffs gegen Malaria. Der Ausgangspunkt ihrer Forschungen soll sich hoch oben, direkt unter dem Dach befinden. Gespannt öffnen wir eine quietschende Holztür, um zu erfahren, wie die Wissenschaftler die Krankheit erforschen.

Mit Malaria infizieren sich jedes Jahr noch immer mehr als 300 Millionen Menschen auf der ganzen Welt und mehr als eine Million Menschen sterben an den Folgen. Ihr könnt euch vorstellen, wie wichtig es den Wissenschaftlern ist, die Krankheit vollständig zu entschlüsseln, um bei der Entwicklung von günstigen, gut verträglichen Medikamenten und einem wirksamen Impfstoff mitzuhelfen.

Ihr wisst vielleicht, dass viele Tropenkrankheiten durch gefährliche Bakterien oder Viren ausgelöst werden. **Bakterien** sind kleinste Lebewesen, die meist nur aus einer Zelle bestehen. **Viren** sind häufig noch kleiner und müssen in andere Zellen eindringen, um sich vermehren zu können. Malaria gehört allerdings zu den Tropenkrankheiten, die durch **Parasiten** übertragen werden. Parasiten sind **Schmarotzer,** die auf Kosten eines

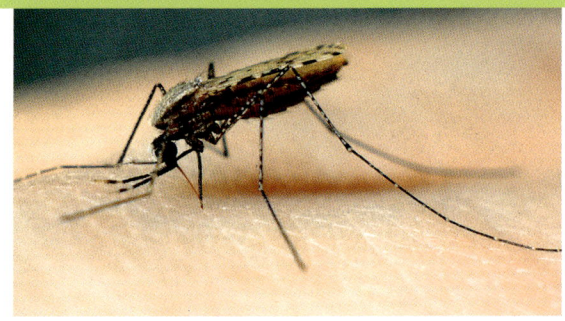

anderen Lebewesens, des sogenannten Wirts, leben. Sicherlich kennt ihr Flöhe und Läuse. Das sind Parasiten, die den Menschen als Wirt nutzen und von seinem Blut leben.

Der Malariaparasit ist zwar winzig klein und besteht aus nur einer einzigen Zelle, aber er hat jede Menge Tricks auf Lager, um in seinem Wirt, besser gesagt, in seinen Wirten zu überleben. Unter anderem hat der Parasit einen tückischen Kreislauf entwickelt, in dessen Verlauf er teilweise im Menschen und teilweise in den Weibchen der Anopheles-Mücke lebt. Sehen wir uns diesen Kreislauf mal genauer an.

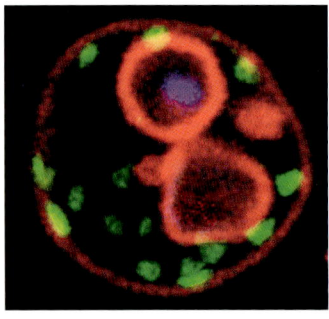

Malariaerreger (rote Kreise) in einer Blutzelle

Der Malariakreislauf

Sticht eine infizierte Mücke einen Menschen, gelangen die Parasiten mit dem Speichel der Mücke ins menschliche Blut. So wechselt der

Parasit seinen Wirt und gelangt von der Mücke zum Menschen. Mit dem Blut gelangen die Erreger jetzt in die Leber und dringen in die Leberzellen ein. Hier vermehren sich die Parasiten mit einer unglaublichen Geschwindigkeit. Aus einem einzigen Erreger werden innerhalb von wenigen Tagen 30 000 Erreger. Die Parasiten beeinflussen jetzt auch das Verhalten der Leberzellen. Sie schnüren kleine Bläschen ab, in denen sich die Erreger verstecken. Als Bläschen getarnt, verlassen die Parasiten, unerkannt vom Abwehrsystem des Körpers, wieder die Leber. Im Blut platzen die Bläschen und der Malariaerreger dringt in die roten Blutkörperchen ein. Das sind die kleinen Blutzellen, die den Sauerstoff in unserem Körper verteilen. Und auch hier wachsen die Parasiten weiter, bis auch die Blutzelle platzt. Jetzt bekommt der Mensch seinen ersten Fieberanfall und grippeähnliche Anzeichen wie Kopf- und Gliederschmerzen. Der Erreger vermehrt sich weiter und die Fieberanfälle wiederholen sich. Wird die Malaria nicht rechtzeitig behandelt, werden so

viele Blutzellen zerstört, dass die Organe zu wenig Sauerstoff bekommen und versagen. Sticht eine Mücke den kranken Menschen, saugt sie den Erreger mit dem Blut auf und der Kreislauf beginnt von vorne. Die Mücke ist sozusagen das Transportmittel für den Parasiten, das ihn von Mensch zu Mensch trägt.

Die Mückenzuchtstation

Wir treffen uns mit der Doktorandin Anna Heitmann, die uns verrät, was sich unter dem Dach des Instituts befindet: ein großer Metallcontainer, in dem eine Mückenzuchtstation untergebracht ist. Hier züchten die Wissenschaftler Anopheles-Mücken für ihre Untersuchungen, um mehr über den Erreger herauszufinden.

Bevor wir eintreten dürfen, müssen wir einen Kittel, Einmalhandschuhe und Überschuhe anziehen. Dadurch wird verhindert, dass wir Krankheitserreger von außen in die Zucht einschleppen, die den Mücken schaden

könnten. Beim Öffnen der Tür schlägt uns warme, feuchte Luft entgegen. »Wir haben hier immer 30° C und eine hohe Luftfeuchtigkeit, wie in den Tropen«, erklärt uns die Doktorandin. »Damit sich die Mücken gut und schnell vermehren, ahmen wir die natürlichen Lebensbedingungen der Mücken nach.« Das hohe Summen der Mücken ist nicht zu überhören. Über 5000 sollen es sein.

Auf der rechten Seite stehen in einem Regal Metallschalen mit Wasser. Frau Heitmann zeigt uns in einer Schale ganz viele kleine schwarze Punkte. »Hier fängt alles an«, erklärt sie. »Die Mücken legen ihre Eier ins Wasser, das kennt man ja auch von Regentonnen.« Im Regal daneben schwimmen Hunderte von winzigen Larven in flachen, weißen Plastikschalen. Jede Schale ist mit einem Datum beschriftet. So wissen die Wissenschaftler immer, wie alt die Larven sind. Nach zehn Tagen verpuppen sie sich. Dann schwimmen sie an der Wasseroberfläche und werden von den Wissenschaftlern eingesammelt. »Wir müssen jeden Tag nach den Mücken schauen, auch am Wochenende«, sagt Anna Heitmann. »Denn die Larven werden jeden Tag mit Fischfutter gefüttert und wir müssen die neuen Puppen einsammeln und in verschlossene Netzboxen legen. Sonst schlüpfen sie, fliegen im Container umher und wir werden gestochen.«

Die Netzboxen stehen auf der anderen Seite des Containers. Es sind kleine Käfige, die mit einem ganz feinmaschigen Netz überzogen sind. Hier liegen die Puppen ungefähr zwei Tage, dann schlüpfen sie. Das ist ein bisschen wie bei Schmetterlingen. Die frisch geschlüpften Mücken stürzen sich hungrig auf eine Schale mit Zuckerlösung, die sie mit ihrem Saugrüssel aufsaugen. Diese Zuckerlösung ersetzt den Blütennektar, von dem sie sich in der Natur ernähren würden.

Jetzt nehmen die Forscher die Mücken in den Netzboxen mit ins Labor im Erdgeschoss und stellen eine Schale mit warmem Blut in den Käfig. Denn die Mückenweibchen benötigen das Eiweiß aus dem Blut, um ihre Eier zu bilden. Innerhalb von wenigen Minuten haben sich die Weibchen an der

Schale versammelt. Zwei Tage später legen sie wieder Eier und der Kreislauf beginnt von vorne. Auf diese Weise halten die Forscher ihre Mückenzucht in Gang.

Die Weibchen, die die Forscher für ihre Untersuchungen benötigen, füttern sie allerdings mit einer Blutprobe, die mit Malariaparasiten infiziert ist. So gelangt der Erreger in die Mücke. Um das Verhalten der Malariaerreger im Mückenkörper besser beobachten zu können, arbeiten die Forscher auch mit Parasiten, in die sie ein Eiweiß eingeschleust haben, das unter einem bestimmten Mikroskop, einem **Fluoreszenzmikroskop,** grünlich leuchtet. So können sie den winzigen Erreger als leuchtenden Punkt in den Mücken sehen. Die meisten Parasiten halten sich in den Speicheldrüsen auf, aber einige verstecken sich auch in den Beinen, Flügeln und im Bauch der Anopheles-Mücke.

Die Mückenzucht hoch oben auf dem Dachboden des Instituts

Die beiden Biologinnen Anna Heitmann und Christine Lehmann bereiten den nächsten Versuch vor.

Zwei Wochen nach der Ansteckung gewinnen die Wissenschaftler die Malariaparasiten aus den Speicheldrüsen und geben diese in eine Zellkultur aus menschlichen Leberzellen. Wie in dem Kreislauf beschrieben, dringen die Parasiten in die Leberzellen ein und vermehren sich explosionsartig. Wenn die Experten jetzt einen neuen Wirkstoff für ein Medikament testen wollen, geben sie diesen zu der infizierten Zellkultur und beobachten, was passiert. Hat der Stoff einen Einfluss auf den Parasiten? Vermehrt er sich weniger oder stirbt er vielleicht sogar ab? Und welche Auswirkungen hat der Wirkstoff auf die Leberzelle? Auf diese Weise werden also nicht nur Wirkstoffe für Arzneien getestet, sondern auch ihre Wirkung auf die Organe und Zellen.

Bis jetzt wurde leider noch kein wirksamer Impfstoff gefunden, aber seine Entwicklung und die Erforschung von

neuen Medikamenten laufen auf Hochtouren, denn der Malariaparasit ist mittlerweile gegen einige ältere Medikamente resistent. Das bedeutet, dass diese Medikamente ihre Wirkung verloren haben. Vor allem die Menschen in Afrika und Asien sind stark von der Krankheit betroffen, aber sie können sich neue Medikamente oft nicht leisten, weil diese zu teuer sind. Deshalb ist die Entwicklung neuer und zugleich preiswerter Medikamente besonders wichtig.

Lange wurde Malaria als eine weit entfernte Tropenkrankheit angesehen, aber viele Experten befürchten mittlerweile, dass sich die Krankheit in den nächsten Jahren noch weiter ausbreiten wird. Durch die Klimaerwärmung könnten die Anopheles-Mücken auch in europäische Gebiete einwandern. Und die steigende Zahl der Fernreisen erhöht das Risiko einer Ausbreitung der Krankheit zusätzlich. Vor einiger Zeit gab es eine Malariainfektion am Frankfurter Flughafen, die wahrscheinlich durch eine Mücke ausgelöst wurde, die als blinder Passagier mit einem Flugzeug aus den Tropen eingereist war.

Lackaffen.de

Philipp Scharbert
von den Lackaffen.de

Wie wird aus einem heimlichen Sprayer ein Graffitikünstler?

Bestimmt habt ihr schon Graffitis an Brücken, Zügen, Mauern oder Hauswänden gesehen. Mal sind es schnell hingesprühte Sätze oder Zeichen, manchmal ganz aufwendig gemalte Bilder, die von sogenannten Sprayern gestaltet werden. Die meisten Graffitis entstehen heimlich, ohne Genehmigung, und werden später von Reinigungsfirmen wieder entfernt. Aber es gibt auch Ausnahmen. Wir stehen in Münster vor einer Lagerhalle und öffnen eine quietschende, türkisfarbene Eisentür. Sofort schlägt uns starker Farbgeruch entgegen. Hier arbeitet Philipp Scharbert. Seine Begeisterung für Graffitis hat ihn auf eine ungewöhnliche Idee gebracht: Er hat die Firma Lackaffen.de gegründet. Im Auftrag von Firmen, Gemeinden und Behörden verschönert er mit seinen Sprühdosen Hauswände, Lagerhallen, Klostermauern und er hat sogar schon ein Restaurant in Äthiopien und Strohhütten in Thailand bemalt. Wir haben Philipp Scharbert gefragt, wie er vom heimlichen Sprayer zum Graffitikünstler wurde, was ein guter Sprayer können muss und wie er die riesigen Graffitis, die ganze Hauswände ausfüllen, plant und gestaltet.

Graffitis gibt es schon lange. Einige Experten zählen sogar alte ägyptische Inschriften dazu, die beispielsweise in Felsen gekratzt wurden. Macht man sich auf die Suche nach den Ursprüngen des Graffitis, wie wir es heute kennen, stößt man häufig auf den Künstlernamen Taki183. Dieser Schriftzug eines New Yorker Botenjungen tauchte 1970 an vielen Hauswänden auf. Nachdem die New York

In dieser Halle werden auch die Kühlschränke angesprüht.

Times darüber berichtet hatte, ahmten das viele amerikanische Jugendliche nach und markierten Wände mit ihren Schriftzügen. So entstand das Tagging, das Markieren eines Ortes mit seinem tag, seinem Namen, zuerst mit Filzstiften und später mit Sprühdosen.

Um etwas über die Arbeit eines heutigen Graffitikünstlers zu erfahren, haben wir Philipp Scharbert besucht. An den Wänden seiner Atelierhalle reiht sich ein Regal mit Sprühdosen an das nächste und die bunten Deckel der Dosen sind ordentlich nach Farben sortiert. Wir sitzen mit dem Chef der Lackaffen.de in einer Art Glaskasten am Rand der Halle. Es ist sein Büro. Hier sind seine Unterlagen, die Entwürfe und der Computer vor Farbnebel geschützt, denn mittlerweile ist Philipp Scharbert gut im Geschäft und besprüht für seine Kunden zum

Beispiel auch Kühlschränke mit Graffitis nach Wunsch. »Als ich anfing, war ich erst 14 Jahre alt und wir waren eine Crew von drei Leuten. Meist sind wir nachts losgezogen, den Rucksack voller Sprühdosen, und haben dann unsere Graffitis auf Autobahnbrücken, Zügen oder Bahnhöfen hinterlassen«, erzählt er.

Unter Sprayern wird ein Graffiti auch piece genannt, was so viel wie »Stück« bedeutet. Wenn ein piece ohne Erlaubnis an einem öffentlichen Platz gesprayt wird, ist das illegal, wird von der Polizei verfolgt und kann bestraft werden. Für viele Sprayer ist das ein zusätzlicher Reiz. Philipp Scharbert gesteht, dass er in seiner Jugend auch ein paarmal fast erwischt worden wäre. »Ich konnte noch gerade so in letzter Sekunde abhauen, das war haarscharf! Es war bei einer Aktion auf einem Militär-

gelände, bei der sie uns mit Such-
scheinwerfern schnappen wollten.
Wir haben damals fünf Panzer
angesprüht. Danach waren wir
Gesprächsthema Nr. 1 in der Szene
und haben an Ehre gewonnen«,
beschreibt er. »Zu der Zeit war die
Sprayerszene total wichtig für mich,

wir hatten die gleichen Interessen
und der Nervenkitzel hat mich dazu
gebracht, immer weiterzumachen.
Wir hatten richtige Wettkämpfe mit
anderen Crews und es ging darum,
die coolsten Graffitis zu entwerfen.
Das ist in der Szene zum Teil auch
heute noch so: Je größer, höher und
künstlerischer ein Graffiti ist, umso
mehr Ansehen bringt es ein. Und
wenn die Aktion besonders gefährlich ist, erntet man besonders viel
Ruhm. Deswegen hinterlässt man
immer sein tag, sein Zeichen, genauso wie ein Maler sein Bild signiert.
Irgendwann hatte das für mich schon
fast Suchtgefahr.

Regale voller
Sprühdosen
und Farben

Philipp Scharbert mit Mundschutz

Mittlerweile stellen immer mehr Gemeinden und Städte den Sprayern legale Wände zur Verfügung, da die Entfernung der illegalen Graffitis aufwendig und teuer ist. Sie haben erkannt, dass Graffitis eine eigenständige Kultur sind, die sich nicht aufhalten lässt. Die Wände sollen aber nicht einfach beschmiert werden, sondern den Jugendlichen einen Platz bieten, wo sie sich ohne Zeitdruck entfalten können und sich nicht strafbar machen. Philipp Scharbert verrät uns, dass diese Plätze Hall of Fame, also Platz des Ruhms, genannt werden und bei vielen Sprayern sehr beliebt sind. Er selbst ist an einer legalen Wand auf einem ehemaligen Fabrikgelände in Münster entdeckt worden und hat so seinen ersten bezahlten Auftrag bekommen.

Als wir neugierig nachfragen, erzählt er: »Ich wollte mich nicht länger strafbar machen und hatte keine Lust mehr auf die Hackordnung zwischen den Crews. Das Sprayen und der Kick des Illegalen waren in meiner Jugend cool, aber während meines Studiums wurde mir klar, dass ich so auf keinen Fall weitermachen wollte. Als mich jemand an einer Hall of Fame angesprochen hat, ob ich sein Garagentor bemalen würde, hab ich sofort losgelegt. Es war super und danach habe ich sofort den nächsten Auftrag von seinem Nachbarn bekommen. Damit war der Anfang geschafft und später wurde es von Jahr zu Jahr mehr. Die Lackaffen.de habe ich nach dem Abschluss meines Studiums als Bauingenieur gegründet. Heute rufen mich sogar Unternehmen an und erteilen mir Aufträge. Wir bemalen jetzt alles, von der Berliner Mauer bis zur Hotelfassade und der Strohhütte in Panama. Meine Graffitis gibt es mittlerweile in 52 Ländern und auf allen Kontinenten der Erde.«

Ein besonders aufwendiges und schönes Projekt war die Gestaltung einer

Das höchste Graffiti, das Philipp Scharbert angebracht hat, war am Kilimandscharo in fast sechs Kilometern Höhe. Da hat er seinen Schriftzug in den Schnee gesprüht.

Hotelfassade in Hamburg. An diesem Beispiel erklärt uns der Chef der Lackaffen den genauen Ablauf seiner Arbeit. Zufällig hatte der Hotelbesitzer

Die Outlines werden als Umrisse gezeichnet.

ein anderes Graffiti auf der Reeper-
bahn gesehen und Philipp Scharberts
Namen entdeckt. Er meldete sich bei
den Lackaffen.de und gab eine große
Hauswand in Auftrag. Sie sollte von
oben bis unten neu gestaltet werden.
Schnell fanden sich auch einige Sponsoren, die das Projekt mit Geld unter-
stützten. Philipp Scharbert setzte sich
mit dem Grafikdesigner Colin Orel zusammen, der früher auch mit ihm in
der Crew war, und sie planten drei
verschiedene Entwürfe am Computer.
Nachdem die Entscheidung für ein
Graffiti gefallen war, bestellte Philipp
Scharbert erst einmal einen Kran
zum Hotel, denn eine Leiter reicht bei
hohen Gebäuden nicht aus. Anschließend packten er und drei Mitarbeiter
den Transporter der Lackaffen: Pinsel,
Leitern, Rollen, Farbeimer und etliche
Sprühdosen wurden so nach Hamburg
gebracht. Außerdem jede Menge
dicker alter Anziehsachen und – ganz
wichtig, als Schutz vor dem feinen
Farbnebel – einen Mundschutz für
jeden.

Im ersten Schritt wurde die Hauswand mit Fassadenfarbe gestrichen,
damit das Graffiti auf einen gleich-
mäßigen Untergrund gesprüht werden konnte. Dann zeichnete Philipp
Scharbert nach seiner Vorlage die
Outlines, also die Umrisse des Mo-

tivs, auf die Wand. Dabei musste er
genau darauf achten, dass er die Größenverhältnisse vom Entwurf richtig
auf die riesige Hauswand übertrug.
Beim anschließenden Fill-in wurden
die Flächen mit Farbe ausgefüllt.
Wenn ihr euch den Schriftzug »Hamburg« auf dem Foto genau anschaut,
könnt ihr sehen, dass bei diesem Fill-
in drei verschiedene Rotschattierun-
gen sanft ineinander übergehen. Die
Sprayer nennen diese Technik faden.
Im letzten Schritt wurden die Highlights gesetzt. Das sind Glanzpunkte,
die ein Graffiti lebendiger wirken
lassen. Hierzu stellte sich Philipp
Scharbert oben rechts an seinem
Graffiti eine Sonne vor und überlegte, an welchen Stellen die Sonnen-
strahlen die Buchstaben treffen
könnten. An diesen Stellen setzte er
dann Highlights auf die Buchstaben.
Für Herrn Scharbert muss ein richtig
guter Sprayer die Techniken beherr-
schen und zusätzlich jedem Graffiti
seine eigene unverwechselbare Note
geben, sodass man den Künstler wie-
dererkennt. Außerdem muss er ein
gutes Gespür für Farben haben und
mit viel Liebe zum Detail arbeiten.

»An die letzte Arbeitsphase beim
Hotelgraffiti kann ich mich noch gut
erinnern«, erzählt der Lackaffe. »Wir
wollten fertig werden und standen

Die fertige Hauswand des Hotels Hamburg

mitten in der Nacht auf dem Kran und arbeiteten. Wir hatten nur das Licht unserer Bauscheinwerfer. Es war bitterkalt und eine richtige Hamburger Brise hätte uns fast vom Kran geweht. Handschuhe konnten wir nicht anziehen, denn damit hat man nicht mehr genügend Gefühl für die Sprühdose in der Hand.« Aber dann, nach drei Tagen à 16 Stunden, war es endlich so weit: Das Graffiti war fertig. Etliche Liter Farbe und über 250 Sprühdosen hatten die Lackaffen an der Hauswand verbraucht. Der Hotelbesitzer und die Nachbarn waren begeistert und freuen sich auch heute noch über die bunte Fassade. »Die Reaktion der Passanten ist fast immer positiv, aber es gab auch schon mal jemanden, der die Polizei gerufen hat. Aber wir konnten das Missverständnis schnell aufklären.«

Heute ist Philipp Scharbert ein angesehener Künstler, der seit 20 Jahren in der Sprayerszene ist und mit den Lackaffen.de seinen Weg gefunden hat. Den Jugendlichen, die bei ihm Praktika machen, erklärt er gerne alle Techniken und Kniffe, die er sich im Laufe der Jahre angeeignet hat.

Dokumentationsstätte Regierungsbunker

So sieht der Bunker heute, nach dem Rückbau, aus.

Was ist ein Regierungsbunker?

Während der Fahrt durch die lieblichen Weinberge des Ahrtals können wir uns kaum vorstellen, dass hier einmal der geheimste Ort der Bundesrepublik Deutschland versteckt war. Tief unten im Weinberg, verschlossen hinter einer großen, unvorstellbar schweren Tür. Doch bis jetzt können wir nur einen Weinstock neben dem nächsten sehen. Dann entdecken wir an einer kleinen Abzweigung das Schild »Dokumentationsstätte Regierungsbunker«. Eine rostige Stahlfassade mit einer Glastür ist der heutige Eingang zum ehemaligen Regierungsbunker. Heike Hollunder, die Museumsleiterin der Dokumentationsstätte, will mit uns hinter das 25 Tonnen schwere Eingangstor des Bunkers schauen. Hier sollten im Kriegsfall die wichtigsten Mitglieder der früheren deutschen Regierung, einschließlich des Bundeskanzlers, in Sicherheit gebracht werden, um von dort aus das Land zu regieren.

Das Wichtigste zuerst: Glücklicherweise wurde der Regierungsbunker bis zu seiner Schließung 1997 nie für den Ernstfall benötigt. Aber zwischen 1966 und 1989 fanden hier hinter mehr als 2500 Metalltüren zwölf große Übungen statt. »Alle zwei Jahre zogen 3000 Regierungsmitglieder für zwei Wochen in den Bunker ein und übten den Ernstfall. Von der Telefonistin bis zum Wachmann, vom Minister bis zum Staatssekretär, alle waren dabei. Lediglich der Bundeskanzler und der Bundespräsident ließen sich übungshalber durch einen **Kanzler-Üb** und **Präsidenten-Üb,** also Kanzler-Übungshalber und Präsidenten-Übungshalber, vertreten. Oft übernahmen andere hohe Politiker ihre Vertretung«, erzählt Frau Hollunder. »Der Bunker war jederzeit einsatzbereit. Rund um die Uhr arbeiteten 180 Mitarbeiter im Schichtdienst und warteten alle Geräte und Systeme. Die Regierung hätte im Notfall innerhalb weniger Stunden hier einziehen können und für einen Monat Lebensmittel, Medikamente und Strom zur Verfügung gehabt.«

Mit dem Bau des Bunkers wurde 1961 begonnen und es dauerte fast zwölf Jahre, bis der 3,5 Kilometer lange, stillgelegte Eisenbahntunnel zum 17 Kilometer großen Bunker umgebaut worden war. Der offizielle Name des geheimen Bauwerks war: »Ausweichsitz der Verfassungsorgane der Bundesrepublik Deutschland in Krise und Krieg.« Er lag tief verborgen im Weinberg und trug den Tarnnamen einer bekannten Weinlage: »Rosengarten.« Der Bunker bestand aus fünf eigenständigen Abschnitten, die wie fünf kleine Städte funktionierten. Bei einer Zerstörung hätte sich die Regierung von einem Abschnitt in den nächsten zurückziehen können. Jeder Teil hatte einen Brunnen für Frischwasser, einen Anschluss an das Stromnetz und mehrere Dieselgeneratoren. Insgesamt hatte der riesige Bunker eine Nutzfläche von 17 Fußballfeldern.

Um zu verstehen, warum die damalige Regierung diesen gigantischen Bunker bauen ließ, müssen wir uns die ersten Jahre der Bundesrepublik Deutschland anschauen. Nach dem Zweiten Weltkrieg war die Welt in zwei Lager aufgeteilt: Auf der einen Seite standen die USA und die westlichen Staaten, auf der anderen Seite die Sowjetunion und die östlichen Staaten. Vielleicht habt ihr in diesem

Zusammenhang auch schon mal die Begriffe Kalter Krieg oder Ost-West-Konflikt gehört. Beide Seiten hatten sehr unterschiedliche politische Meinungen. Sie versuchten, sich gegenseitig mit Drohungen und der Anhäufung von Waffen einzuschüchtern. Besonders groß war die Angst vor Atomwaffen, weil sie eine enorme Zerstörungskraft haben und eine gefährliche, tödliche Strahlung freisetzen. Da es immer wieder zu Spannungen zwischen Ost und West kam, ließ das Innenministerium den Regierungsbunker bauen. Es musste ein Ort in der Nähe der damaligen Hauptstadt Bonn sein, in dem die 3000 wichtigsten Regierungsmitglieder im Ernstfall einen Atomangriff hätten überleben können.

Die Eingangstore

Der Bunker musste absolut dicht sein und sollte die Menschen vor radioaktiver Strahlung schützen. In die beiden Haupteingänge und in zwei Nebeneingänge wurden riesige Eingangstore eingelassen, die der enormen Druckwelle einer Atombombenexplosion standhalten sollten. Die dicken Metalltore wurden vor Ort mit Beton ausgegossen. Jedes Tor ist 1,20 Meter dick und wiegt 25 Tonnen. Fast unvorstell-

Das dicke Eingangstor von der Seite gesehen

dringende verseuchte Luft wäre in diesem Fall über verschiedene Filter geleitet und so gereinigt worden.

Nach den Toren wollen wir uns nun das Innere des Bunkers ansehen. Es soll hier vom Kranken-bett über ein Wasser-prüflabor bis hin zu einem riesigen Materiallager alles gegeben haben, was man im Notfall benötigt hätte. Zunächst führt uns Frau Hollunder einen langen Gang entlang. Es ist et-was kühl hier, um die 12° C, und es riecht wie in einem feuchten Keller. Uns fällt auf, dass alle Rohre und Kabel unter der Decke an Metallfedern aufgehängt sind. »Das verhindert, dass die Kabel durch eine Druckwelle reißen oder die Rohre brechen. Man hatte gehofft, dass sie bei einer Explo-sion einfach mitschwingen würden«, erklärt Heike Hollunder.

bar – ein Tor mit dem Gewicht von 25 Kleinwagen! Trotz des Gewichts konnte die Bunkeranlage innerhalb von zehn Sekunden druckdicht ver-schlossen werden. Bei einem Strom-ausfall ließen sich die Tore auch mit einer Handkurbel öffnen. Allerdings brauchte man über eine halbe Stun-de, um die schweren Eingangstore per Muskelkraft wegzuschieben.

Neben diesen Haupteingängen, durch die sogar kleine Autos passten, gab es zwei Nebeneingänge und 29 Belüf-tungsschächte, die zusätzlich als Not-ausgänge dienten. An ihnen waren spezielle Fühler angebracht, die bei einem Bombenangriff auf Druck, Licht oder Schall reagiert hätten. Innerhalb von Millisekunden hätten schwere Deckel die Öffnungen verschlossen. Nach einiger Zeit wären die Deckel aber wieder geöffnet worden, um den Bunker mit Luft zu versorgen. Die ein-

Wir erreichen die sogenannte Dekon-taminationsanlage. Hier sollten im Falle einer Verseuchung die Giftgase oder die Strahlung mit verdünnten Säuren abgeduscht werden. »Die Regierungsmitglieder hätten ihre Be-kleidung abgegeben, wären duschen gegangen und hätten anschließend

neue Sachen bekommen«, erzählt
Frau Hollunder. »Die Strahlung, die
noch nicht in den Körper eingedrungen war, hätte man zum größten
Teil abwaschen können. Es war aber
völlig unklar, wie man mit verstrahl-
ten Menschen umgegangen wäre.«

Der Hauptstollen

Wir kommen jetzt in den sicheren
Bereich des Bunkers. Der Hauptstol-
len hat zwei Stockwerke, oben waren
936 Schlafräume eingerichtet und
unten 897 Büros und alle Technik-
räume. In der Kommandozentrale, die
rund um die Uhr besetzt war, reiht
sich ein Arbeitsplatz an den nächsten.
Vor jedem Platz gibt es ein Pult mit
vielen Knöpfen, Hebeln und Schal-
tern, über die alle Tore, Türen und

Belüftungsöffnungen kontrolliert
wurden. Die Generatoren und Maschinen wurden von den Mitarbeitern
des Bunkers gewartet. Deshalb gab
es eine große Werkstatt mit einem
riesigen Ersatzteillager. Paul Groß,
der 36 Jahre lang für die Lüftung im
Bunker verantwortlich war, erinnert
sich, dass er oft mit einem der über
einhundert Fahrräder unterwegs war,
um von der Werkstatt zu den Lüf-
tungsschächten zu gelangen. Bevor
Paul Groß aber im Bunker arbeiten
durfte, wurde er einer einjährigen
Sicherheitsprüfung unterzogen. Hierbei wurden nicht nur seine Familie

Die Kommandozentrale

Die Ausrüstung der
Werksfeuerwehr

und seine Freunde zu seiner Persönlichkeit und seiner Verschwiegenheit
befragt, sondern auch seine Nachbarn. Denn über ihren Job durften
die 180 ständigen Mitarbeiter des
Bunkers nicht reden. Auch unterei-
nander sprachen die Kollegen nur das
Nötigste über ihre Arbeit, denn zu der
Zeit hatte jeder Angst, von einem
möglichen Feind ausspioniert zu
werden.

Der Bunker hatte auch eine eigene
Feuerwehr. Sie bestand aus 40 Mit-
gliedern, die regelmäßig Feuerübun-
gen mit schwerem Atemschutzgerät
durchführten. Taschenlampe,
Fluchthaube und Fahrrad waren die
Standardausrüstung eines jeden
Feuerwehrmannes. Die Fluchthaube
hatte Sauerstoff für 15 Minuten, das
schwere Atemschutzgerät war mit
Sauerstoff für anderthalb Stunden
ausgestattet. Da die Angst vor ein-

stürzenden Stollen groß war, gehörten
auch regelmäßige Räumungsübungen
zum Programm der Feuerwehr. Auf
Kranke und Verletzte war der Regierungsbunker bestens vorbereitet. Vier
kleine Krankenhäuser mit OP-Sälen,
Krankenzimmern, Krankenhausbetten
und einer Zahnarztpraxis waren in
den verschiedenen Bunkerabschnit-
ten untergebracht.

Zudem gab es ein kleines Fernseh-
studio: Im Ernstfall sollte sich der
Bundeskanzler von hier aus live, vor
laufender Kamera, mit einer Anspra-
che an die Bevölkerung wenden. Ein
kleiner Wohnzimmertisch und eine
Gardine täuschten ein Wohnzimmer
vor, damit die Bevölkerung den Auf-
enthaltsort des Kanzlers nicht erraten
konnte. Auch ein Frisiersalon gehörte
zum Bunker, damit die Politiker nicht
schlecht frisiert für ihre Rede vor die
Kamera treten mussten.

Während der Übungen verpflegten Soldaten von der Marineversorgungsschule auf Sylt die Regierungsmitglieder. Sie kochten in den Großküchen des Bunkers und servierten das Essen in riesigen Speisesälen, in denen bis zu 600 Menschen Platz hatten. Am Wochenende gab es in den Sälen Filmvorführungen und sonntags wurde der Gottesdienst abgehalten. Die meisten Übungsteilnehmer mussten sich zu viert oder zu sechst ein Zimmer teilen. Etagenbetten und ein Metallspint waren die einzigen Möbel in den Schlafzimmern. Zum Duschen gab es gemeinsame Waschräume.

»Einige Regierungsmitglieder haben diese Enge und die ständige Nähe zu den anderen gar nicht ausgehalten und einen Bunkerkoller bekommen«, erklärt uns Heike Hollunder. »Zwei Wochen ohne Tageslicht waren schrecklich und irgendwann wussten sie nicht mehr, wann Tag oder Nacht war. Diese Belastung war für einige so groß, dass sie die Übungen abbrechen mussten.« Nur für den Bundeskanzler und den Bundespräsidenten

Ein Gemeinschaftszimmer

war je ein Einzelzimmer vorgesehen und ein eigenes Bad. Aber die Einrichtung der Räume war genauso einfach wie in den anderen Schlafzimmern: Feldbett, Nachttisch, Schrank, Lampe und Stuhl und alles war aus Metall, damit sich das Feuer bei einem Brand nur schwer ausbreiten konnte. Das Wohnzimmer des Bundespräsidenten war allerdings ein echter Farbtupfer im Bunker: Die orange Stehlampe und eine knallrote Polstergarnitur wirken fast ein wenig schrill in dem tristen Gebäude. Ein Gerücht besagt, dass die Polstermöbel aus dem früheren Wohnsitz des Bundespräsidenten, der Villa Hammerschmidt, in Bonn stammten. Angeblich hat Hilda Heinemann, die Frau von Gustav Heinemann, Bundespräsident von 1969 bis 1974, dafür gesorgt, dass die Möbel in den Bunker kamen, da ihre Nachfolgerin Mildred Scheel keinen Gefallen an ihnen fand.

Auf dem Weg in den nächsten Raum kommen wir an einer öffentlichen

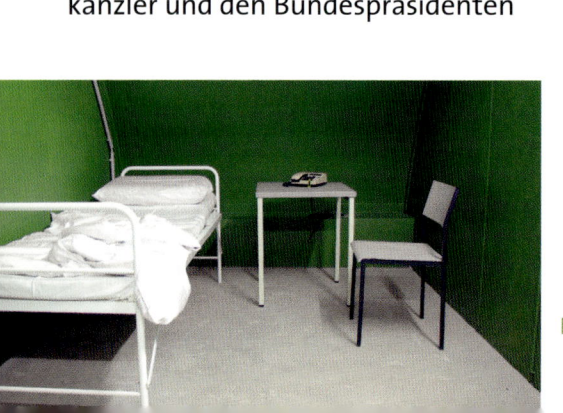

Das Schlafzimmer des Bundeskanzlers

Nach der Wiedervereinigung Deutschlands war der Kalte Krieg beendet und die Regierung zog in die neue Hauptstadt Berlin um. Lange überlegte man, was mit diesem gigantischen, geheimen Betonklotz geschehen sollte. 1997 beschloss die Bundesregierung, den Bunker aufzugeben, und das Bauwerk wurde nach und nach zurückgebaut. Heute kann man die wichtigsten Bunkerräume in der Dokumentationsstätte als ein Stück deutsche Geschichte besichtigen und erahnen, wie groß damals die Angst vor einem dritten Weltkrieg gewesen sein muss.

Telefonzelle vorbei. Fragend schauen wir Frau Hollunder an. »Damals gab es weder E-Mails noch Handys. Deswegen konnten die Teilnehmer bei einigen Übungen diese öffentliche Telefonzelle nutzen, um ihre Familien anzurufen. Zweck und Ort ihrer Reise durften sie bei dem Gespräch natürlich nicht verraten. Ein Handy hätte übrigens auch nicht geholfen, da es hier tief unter dem Beton keinen Empfang gibt.«

Innerhalb des Bunkers wurden die Nachrichten per Rohrpost weitergeleitet. Dazu wurden sie mit einem Code verschlüsselt aufgeschrieben, in kleine Boxen verpackt und durch ein ausgeklügeltes System von Röhren von einem Büro ins nächste geschickt. Während der ersten Übungen musste sogar noch jedes Telefonat mit der Außenwelt von einer Telefonistin per Hand vermittelt werden. Das sogenannte Fräulein vom Amt stellte die Gespräche über eine Steckverbindung in einem Fernschrank her. Auch über Funk und Fernschreiber erreichten oder verließen verschlüsselte Nachrichten und Befehle den Bunker. Da bei den Übungen geprobt wurde, wie das Regieren im Kriegsfall funktionierte, war der genaue Ablauf in einer Art Übungsdrehbuch festgelegt. Je nach eingehender Nachricht wurden dann im Bunker auf riesigen Tafeln mit Magnetstickern die Militärtruppen, Panzer und Raketen quer durch Europa bewegt. Nach zwei harten Wochen verließ der Regierungstrupp den Bunker wieder und überließ ihn für die nächsten zwei Jahre der Wartungsmannschaft.

Die roten Polstermöbel aus dem Präsidentenwohnraum

Fraunhofer-Institute für Marine Biotechnologie und Biomedizinische Technik

Wieso sammeln Wissenschaftler tiefgefrorene Zellen von Tieren?

Mittlerweile sind viele Tierarten vom Aussterben bedroht und tatsächlich verschwinden jeden Tag ungefähr 150 Arten für immer von der Erde. Deswegen suchen Experten immer wieder nach neuen Möglichkeiten, Tiere zu schützen und die heute noch lebenden Arten zu erhalten. Am Fraunhofer-Institut haben wir uns eine ganz außergewöhnliche Methode angeschaut. Hier erstellen die Wissenschaftler eine Art Tiefkühllexikon der Tiere, das sie CRYO-BREHM nennen. Was es damit wohl auf sich hat? Durch das Glasfenster der Tür können wir nur ein paar Edelstahltanks erkennen. Gespannt warten wir auf Dr. Dominik Lermen, der uns erklären will, warum Wissenschaftler ganz besondere lebende Zellen von Tieren einfrieren. Die Zellen werden bei extrem tiefen Temperaturen aufbewahrt und können Jahre später wieder aufgetaut werden. Fast unvorstellbar, aber die Zellen leben dann noch, können sich vermehren und wachsen.

Gesammelt haben Wissenschaftler schon vor Jahrhunderten. Die Sammlungen dienten beispielsweise dazu, alle Tierarten eines Landes oder eines Lebensraums zu zeigen und Wissen über sie anzuhäufen. Bestimmt kennt ihr solche Sammlungen aus Museen. Manchmal wurden nur die Knochen oder Skelette gesammelt, aber oft sind auch Tiere präpariert oder in Gläser mit Alkohol gelegt worden, um sie für die Nachwelt zu erhalten. Im 19. Jahrhundert schrieb der Biologe Alfred Brehm sein Buch »Brehms Thierleben«. In diesem umfangreichen Nachschlagewerk beschrieb er viele Tierarten und diese Sammlung ist der Namenspate für den CRYO-BREHM, den die Wissenschaftler vom Fraunhofer-Institut für Marine Biotechnologie in Lübeck und für Biomedizinische

Technik in St. Ingbert geschaffen haben. Das Wort »Cryos« kommt übrigens aus dem Griechischen und bedeutet Eis oder Kälte. Ziel der Forscher ist es, eine riesige Biodatenbank zu schaffen, in der das Erbgut aller Tierarten über viele Jahrhunderte gelagert werden kann. Dafür wollen sie Zellen von allen wild lebenden Tierarten einfrieren. Mit dem CRYO-BREHM haben Wissenschaftler dann in der Zukunft vielleicht die Möglichkeit, Tiere, die vom Aussterben bedroht sind, gezielt nachzuzüchten.

Für die Forscher war von Anfang an klar, dass für den CRYO-BREHM keinem Tier Blut abgenommen und selbstverständlich auch kein Tier getötet werden sollte. Um an die Zellen, also die kleinsten Bausteine der Tiere,

Nach der Geburt von Malou nahm Dr. Flügger eine Gewebeprobe vom Mutterkuchen für den CRYO-BREHM.

zu gelangen, arbeiten die beiden Institute mit mehreren Zoos zusammen. Wenn in einem Zoo ein Tier stirbt oder ein Junges geboren wird, können die Zootierärzte den Forschern tierisches Gewebe als Probe überlassen, aus dem einzelne Zellen gelöst werden. Diese Zellen werden dann in den Instituten weiterverarbeitet.

Nehmen wir als Beispiel die Geburt der kleinen Malou, die das Alpaka Merle am 29. Mai 2011 im Tierpark Hagenbeck zur Welt brachte. Alpakas sind eine kleine, südamerikanische Kamelart. Direkt nach der Geburt untersuchte der Tierarzt Dr. Flügger das kleine Alpaka und sah sich den Mutterkuchen genau an. Der Mutterkuchen, auch Plazenta genannt, versorgt das Jungtier im Bauch der Mutter mit allen Nährstoffen. Nach der Geburt des Jungen wird auch der Mutterkuchen ausgeschieden, weil er dann nicht mehr benötigt wird. Dr. Flügger schnitt hiervon einige Gewebestückchen ab und bewahrte sie im Kühlschrank in keimfreien Röhrchen mit einer besonderen Nährlösung auf. Dann rief er schnell im Fraunhofer-Institut in Lübeck an. Er informierte die Wissenschaftler, die sofort einen Transportdienst losschickten, um die Gewebeprobe so schnell wie möglich in einer Kühlbox abzuholen.

In der Zwischenzeit bereitete ein Team von Mitarbeitern das Labor vor. Schnelles und sauberes Arbeiten ist bei Zellproben besonders wichtig, um die Zellen vital, sprich lebendig zu erhalten. Alle Geräte, Pinzetten und Bestecke müssen steril, also keimfrei sein. Genauso wie die Kunststoffröhrchen, in denen später die Zellen gelagert werden, und der Tisch, auf dem das Gewebe bearbeitet wird. Außerdem brauchen die Wissenschaftler verschiedene Lösungen für die Bearbeitung der Gewebeproben, die immer frisch angesetzt werden müssen.

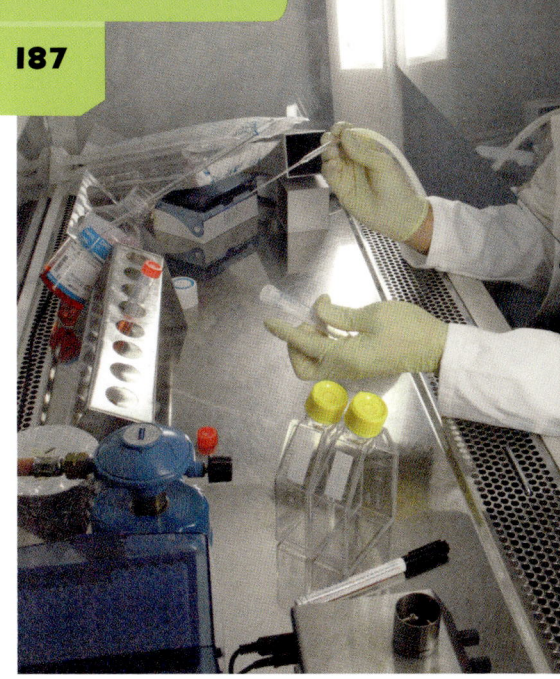

Ein Wissenschaftler legt eine Zellkultur an.

Alle Gewebeproben werden auf eine ganz bestimmte Art und Weise behandelt: Im ersten Schritt wird das Gewebestückchen in eine frische Flüssigkeit gegeben und zerkleinert. Um eine ganz bestimmte Zellart, die Stammzellen, zu erhalten, spülen die Wissenschaftler die Probe in verschiedenen Lösungen mit Enzymen. Das sind Eiweiße, die wie kleine Scheren arbeiten und das Gewebe in einzelne Zellen zerlegen und dabei Fett und Bindegewebe ablösen. Am Ende schwimmen nur noch die Stammzellen in der Lösung. Diese Zellen lassen sich später besonders gut vermehren und können sich in verschiedene andere Zellarten, wie Muskel-, Drüsenoder Hautzellen, weiterentwickeln.

Jetzt beginnt der zweite wichtige Abschnitt, in dem die Stammzellen wachsen und sich vermehren sollen. Die Wissenschaftler nennen das »eine Zellkultur anlegen«. Sie überführen die Zellen für ca. 14 Tage bei einer ganz bestimmten Temperatur in ein sogenanntes Nährmedium. Es enthält alle wichtigen Stoffe, die die Zellen zum Leben brauchen. Alpakazellen wachsen, wie die meisten Säugetierzellen, bei ungefähr 37° C am besten. Wenn Zellen wachsen, heißt das, dass aus einer Zelle erst zwei Zellen werden, dann vier, acht, sechzehn usw. Nach ungefähr 30 Tagen schwimmen 10 bis 20 Millionen Stammzellen in dem Nährmedium. Sie werden auf 10 bis 20 Kunststoffröhrchen verteilt, sodass jedes Röhrchen ungefähr eine Million Zellen enthält. So können die

Wissenschaftler sicher sein, dass immer genügend Zellen überleben.

Im nächsten Schritt werden die Röhrchen mit den Zellen eingefroren. Hierbei müssen die Wissenschaftler aufpassen, dass ihnen die Zellen nicht absterben. Ihr wisst sicher, dass sich gefrorenes Wasser ausdehnt und manchmal sogar Flaschen platzen, wenn sie im Eisfach liegen. Bei den Zellen könnte etwas ganz Ähnliches passieren. Wenn sich das Wasser in ihrem Inneren als Eis zu sehr ausdehnt, könnten sie ebenfalls platzen. Außerdem würden die scharfkantigen Eiskristalle die Zellen verletzen. Damit das nicht passiert, spülen die Wissenschaftler die Zellen in Gefrierschutzmittel. Das Mittel verdrängt das Wasser und so können sich beim Einfrieren nur ganz kleine Eiskristalle bilden.

Aufbewahrt werden die Stammzellen in eiskalten Tanks mit flüssigem Stickstoff. Flüssiger Stickstoff eignet

sich besonders gut, weil er ca. −196° C kalt ist. Die Stammzellen müssen mindestens eine Temperatur von −140° C haben, damit sie für Jahrzehnte sicher gelagert werden können. Und jetzt kommt die eigentliche Sensation: Bei diesen tiefen Temperaturen werden alle Stoffwechselvorgänge in der Zelle angehalten, es bewegt sich nichts mehr, es werden keine Stoffe auf- oder abgebaut, alles steht still. Aber die Vorgänge sind nicht für immer abgestellt, die Zelle befindet sich in einer Art Tiefschlaf. Wenn sie irgendwann aufgetaut wird und man das Gefriermittel vorsichtig mit Wasser auswäscht, kommt der Stoffwechsel wieder in Gang und die Zelle lebt weiter. Sie baut verschiedene Stoffe auf oder ab und kann sich sogar vermehren.

Die Edelstahltanks im Fraunhofer-Institut für Biomedizinische Technik in St. Ingbert

Und das ist wirklich genial: Stellt euch vor, dass sich beispielsweise eine japanische Forschungsgruppe im Fraunhofer-Institut meldet und Alpakazellen für eine wissenschaftliche Untersuchung braucht. Dann tauen die Wissenschaftler in Lübeck oder St. Ingbert einen Teil der Probe auf und schicken die Zellen, wenn sie sich vermehrt haben, nach Japan. Ein Teil der gezüchteten Stammzellen bleibt aber immer im CRYO-BREHM zurück, denn die Sammlung soll möglichst vollständig sein.

Mittlerweile sind die Stammzellen von ungefähr 100 verschiedenen Tierarten im CRYO-BREHM eingefroren. Nach Möglichkeit versuchen die Wissenschaftler, die Stammzellen von 10 verschiedenen Tieren einer Art zu bekommen. Bei Arten wie Alpakas, Kamelen oder Erdmännchen ist das einfacher als bei seltenen Tieren wie einem Schneeleoparden. Als vor einigen Jahren die ersten Zellen eines Schneeleoparden aufbereitet wurden, war das für die Wissenschaftler ein ganz besonderer Augenblick. »Wir hatten immer die majestätische Raubkatze vor Augen«, erzählt Prof. Charli Kruse, der Leiter des CRYO-BREHMS in Lübeck. Die Proben mit den Stammzellen sind für die Forscher so wertvoll, dass von jeder Probe zur Sicherheit ein Röhrchen in Lübeck und ein anderes im Institut in St. Ingbert aufbewahrt wird.

Den CRYO-BREHM kann man als eine Art lebendes Lexikon beschreiben, in dem die Vielfalt der heutigen Tierwelt in tiefgefrorenen Zellen gespeichert wird. Besonders stolz sind die Experten des Fraunhofer-Instituts darauf, dass sie mit dem CRYO-BREHM die Möglichkeit zur Nachzucht von Tieren geschaffen haben – als zusätzlichen Weg des Artenschutzes.

Damit die Röhrchen mit den Stammzellen in den Edelstahltanks nicht verwechselt werden, kennzeichnen die Forscher sie auf eine ganz besondere Weise. Sie frieren mit den Zellen einen winzigen elektronischen Speicherchip am Boden des Röhrchens ein, auf dem alle wichtigen Daten der Probe gespeichert sind: Tierart, Name, Alter, Herkunft und Zelltyp. Über eine Art Touchscreen können die Wissenschaftler von außen dann genau sehen, welche Proben in welchen Kühltanks sind.

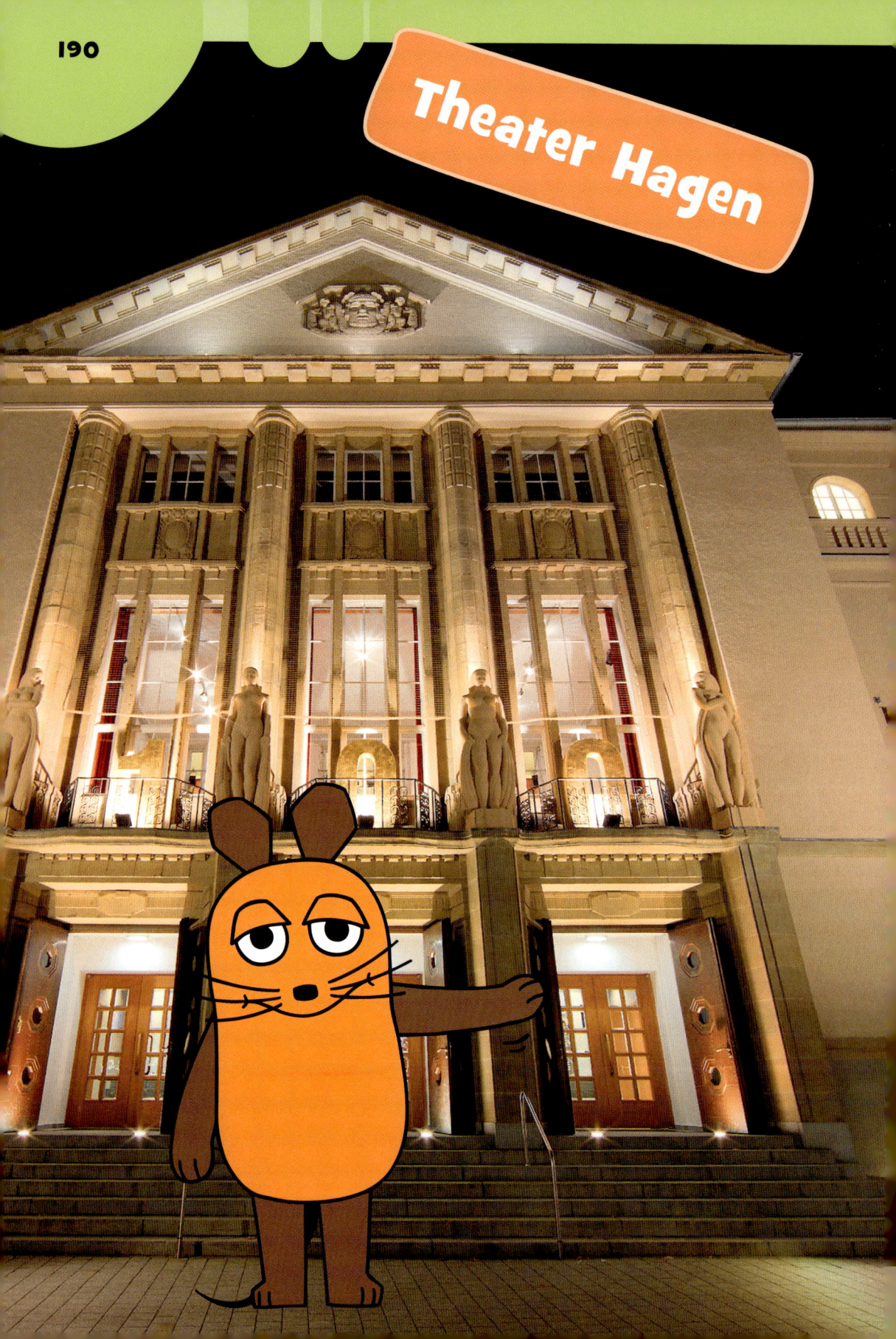

Theater Hagen

Wie verwandelt sich eine Opernsängerin in eine gruselige Hexe?

Das Theater in Hagen hat einen wunderschönen, imposanten Eingang. Über die breite Steintreppe gelangen die Besucher zum Eingangsportal mit den verzierten Holztüren und betreten dann das Foyer. Aber wir suchen einen anderen Eingang. Etwas versteckt, an der Längsseite des Theaters, gibt es einen roten Glasvorbau mit einem Pförtner. Über der Tür steht mit großen Buchstaben: Bühneneingang. Dieser Eingang ist für die Mitarbeiter des Theaters reserviert. Tänzer, Sänger, Beleuchter, Dirigenten, Musiker, Ausstatter und auch die Garderobieren. Jeder, der im Theater arbeitet, benutzt diesen Eingang. Wir sind hier mit der Opernsängerin Marilyn Bennett verabredet. Sie wird in der Abendvorstellung als Hexe in der Oper Hänsel & Gretel auftreten. Als uns die zierliche, fröhliche Frau anstrahlt, können wir uns noch nicht so recht vorstellen, wie sie in einer

guten Stunde nicht nur Hänsel und Gretel, sondern auch das ganze Publikum als gruselige Knusperhexe einschüchtern will.

Seit zwanzig Jahren singt die Engländerin Marilyn Bennett am Theater Hagen. Für ihre Rollen hat sie schon oft ein ganz unterschiedliches Aussehen angenommen. Heute holt sie uns ab, um uns zu zeigen, wie sie sich Schritt für Schritt in eine gruselige Hexe mit riesiger Hakennase verwandelt. Während wir durch die verwinkelten Gänge zu ihrer Garderobe gehen, erklärt sie uns, wie die Rollen festgelegt werden: »Der Intendant und der Generalmusikdirektor legen die Stücke fest und verteilen die Rollen. Die Rolle muss zu der Stimmlage der Sänger passen. Ich singe Mezzosopran, das ist eine etwas dunklere Frauenstimme. Als Nächstes werden die ersten Ideen für die Bühne gesammelt. Bei Hänsel und Gretel wurden das Bühnenbild und die Kostüme von Jan Bammes, unserem Ausstattungsleiter, entworfen und gezeichnet. Nach diesen Vorlagen hat Ronald Bomius, der Chef der Maske, dann die Perücke und meine Maske kreiert.« Wir stehen jetzt vor einer schlichten Holztür mit einer kleinen Tafel »Damen Solo 2«. Frau Bennett strahlt uns noch einmal an, entschuldigt sich kurz und verschwindet hinter der Tür.

Knapp zwei Minuten später kommt sie in Kimono, Netzstrümpfen und hohen schwarzen Schuhen wieder heraus und geht mit uns drei Räume weiter. Die Tür zur Maske steht weit offen, es ist ein ständiges Kommen und Gehen und der Raum ist hell erleuchtet. Bis zu neun Maskenbildner kümmern sich hier um die Gesichter und Frisuren der Mitwirkenden. Egal ob Statist, Chor, Nebenrolle oder Solist, an den Maskenbildnern kommt niemand vorbei.

»Wir gehen jetzt zu Ron, unserem Chefmaskenbildner. Mein Platz ist am hinteren Ende des Raums. Er wird mich schminken, die Nase anbringen und dann gehe ich erst einmal zum Einsingen. Später komme ich wieder, die Perücke wird aufgesetzt und erst dann geht's zum Ankleiden«, erklärt die Sängerin und eilt an einer Reihe von besetzten Schminktischen vorbei. Plötzlich ertönt ein Knacken und wir hören eine Lautsprecherstimme: »Frau Hesse und Frau Klier, bitte zur Bühne, das Orchester in den Graben.« Etwas erschrocken blicken wir zu Frau Bennett. Sie lacht, begrüßt Ronald Bomius und nimmt am hintersten Schminktisch Platz: »Ich bin noch nicht dran, mein Auftritt beginnt erst nach der Pause.«

Als Erstes legt ihr Herr Bomius einen glänzend roten Frisierumhang um und beginnt, ihre Haare Strähne für

Marilyn Bennett mit Chefmaskenbildner Ronald Bomius

Strähne hochzustecken. »Die Haare müssen weg, sie stören sonst beim Schminken und bei der Perücke«, erklärt er und zeigt mit einem Kamm auf ein Kunstwerk aus schwarzen glitzernden Ästen, das auf einem Perückenkopf hinter ihm thront. Während er jede Haarsträhne wie ein Schneckenhäuschen eindreht, reicht ihm Marilyn Bennett aus einem Kästchen eine Haarklammer nach der nächsten an. »Das nennt man schneckerln«, lacht er. »Gleich kommt noch ein Band um den Kopf und ein Strumpf darüber, dann ist alles schön flach. Ich arbeite schon seit 22 Jahren hier und Frau Bennett und ich sind ein eingespieltes Team. Wir erarbeiten uns die Maske Stück für Stück. Wir probieren viel und müssen manchmal auch etwas verändern.«

Für jede Farbe gibt es einen eigenen Pinsel oder Stift.

Nachdem alle Haare unter dem Perückenstrumpf verschwunden sind, entfettet Herr Bomius mit einem Wattebausch und etwas Alkohol vorsichtig die Nasenpartie der Sängerin. Denn im nächsten Schritt wird eine riesige Nase aus Gummi angeklebt. Während der Maskenbildner den Kleber trocken föhnt, erzählt uns Frau Bennett von ihren ersten Erfahrungen mit dem riesigen Zinken: »Die Nase muss wirklich fest sitzen, denn beim Singen atme ich oft ganz tief

ein. Wir haben die Nasenlöcher größer geschnitten, damit ich genügend Luft bekomme. Am Anfang habe ich immer nur die Nase gesehen, das war wirklich merkwürdig, aber jetzt habe ich mich daran gewöhnt.«

Ron Bomius beginnt nun mit dem eigentlichen **Charakterschminken.** Er verwendet hierfür spezielle Theaterschminke, die besonders lange hält und nicht verwischt. Auf dem Schminktisch vor ihm häufen sich Tiegel und Töpfe mit Farben, Pudern und getönten Pasten. Außerdem gibt es Kämme, Bürsten, Schminkstifte und etliche Pinsel in allen Größen und Dicken. »Es gibt für jede Farbe einen eigenen Pinsel«, sagt Herr Bomius und deckt im ersten Schritt mit einer besonderen Grundierung den Übergang zwischen Haut und Gumminase ab. Danach mattiert und grundiert er das ganze Gesicht mit hellen Tönen, um eine ebenmäßige Fläche als Basis für das Make-up zu erhalten.

Im nächsten Schritt trägt er an einigen Stellen im Gesicht einen dunklen Puder auf. Dadurch wirkt das Kinn auf einmal spitz und die Wangen wirken hohl. Es sieht so aus, als wären die Wangenknochen von Frau Bennett ein paar Zentimeter höher gerutscht. Genauso wie die Augenbrauen, die jetzt über die ganze Stirn verlaufen und sogar den Haaransatz berühren. Das Augenlid schminkt Ron Bomius komplett schwarz-weiß und durch zwei weitere, lang gezogene

schwarzweiße Linien am Unterlid bekommt das Auge eine eckige Form. Mit jedem Strich werden die Gesichtszüge von Frau Bennett fremder und kantiger. Jetzt bekommt die Nase noch eine dunkle Warze.

Als Frau Bennett uns zwischendurch direkt anschaut, können wir ihre natürlichen Gesichtszüge nur noch erahnen. Wir fragen sie, ob sie sich jetzt auch wie eine Hexe fühlt, ob sich etwas verändert, während sie geschminkt wird, und sie erklärt uns: »Es braucht eine ganze Zeit, bis man sich in der Rolle fühlt. Die Maske ist der erste Schritt zum neuen Charakter. Während der Proben nehme ich die Persönlichkeit der Rolle jedes Mal noch ein bisschen mehr an. Zuerst versuche ich, so zu laufen, wie es die Rolle erfordert, dann passe ich meine Körperbewegungen an, achte auf die Gesten, die Hände und schließlich auf

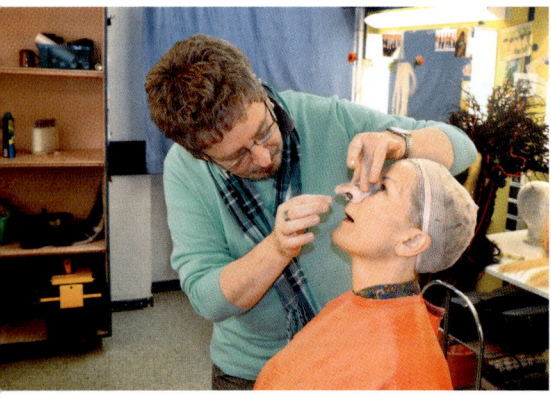
Ronald Bomius klebt die Nase an.

Jetzt wird der Mund geschminkt.

den passenden Gesichtsausdruck. Wie reiße ich als Knusperhexe die Augen auf, wann wackele ich entrüstet mit der Nase. Nach und nach fühle ich mich in die Rolle ein.«

Immer wieder lässt Ron Bomius einen Pinsel über das Gesicht gleiten oder zieht eine Linie nach, vergrößert einen Schatten, verstärkt einen Lichtpunkt. Im nächsten Schritt schminkt er den Mund. Mit einem knallroten Konturenstift zeichnet er eine ausgeprägte Oberlippe und übermalt die Lippen großzügig. Auch sie bekommen eine charakteristische schwarz-weiße Umrandung. Vom Mund geht's anschließend wieder hoch zu den Augen. Jetzt werden die Wimpern angeklebt. Frau Bennett, nein, eigentlich ist sie jetzt die Knusperhexe, bekommt zuerst einen dichten, tiefschwarzen Wimpernkranz unter die Augen geklebt. Die oberen Wimpern

sind rot-schwarz und glitzern ein wenig. Nach ungefähr 45 Minuten ist Ron Bomius mit seinem Ergebnis zufrieden und nimmt Frau Bennett den Friseurumhang ab.

Die Perücke von Frau Bennett hat der Maskenbildner selbst hergestellt und an ihr mit einer Heißklebepistole etliche schwarz glitzernde Zweige festgeklebt. Als Frau Bennett vom Einsingen zurückkommt, setzt ihr der Maskenbildner zusammen mit einem Kollegen die hohe Perücke auf. »Es ist sehr wichtig, dass die Perücke richtig sitzt und in Balance gehalten werden kann. Sonst ist es unmöglich, sich mit ihr richtig zu bewegen«, beschreibt Herr Bomius und beginnt, die Perücke mit etlichen Haarnadeln festzustecken. »Schaut mal, diese riesigen Nadeln! Die längsten nennen wir auch Bühnenbohrer.« Nach jeder festgesteckten Nadel wartet er kurz

Durch eine ausgefeilte Schminktechnik hat Ron Bomius Marilyn Bennett in eine Hexe verwandelt.

Die Perücke kann nur zu zweit aufgesetzt werden.

Die Ankleiderin hilft Frau Bennett ins Kostüm.

auf eine Reaktion der Sängerin. Wenn er kein »Autsch« hört, nimmt er die nächste Nadel. »Ein einziges falsch liegendes Haar kann zur Qual werden. Ich kann dann sogar Kopfschmerzen bekommen«, erklärt Marilyn Bennett. »Deswegen müssen wir sehr sorgfältig arbeiten.« Endlich sitzt die Perücke fest. Ron Bomius wirft noch einen letzten prüfenden Blick auf das Make-up, nickt zustimmend und Frau Bennett verlässt die Maske.

Sie geht jetzt zu ihrer Garderobe. Hier wartet schon Astrid Salewske, die Ankleiderin von Frau Bennett. Denn mit ihrer hohen, weit ausladenden Perücke kann sich die Sängerin nicht selbst anziehen oder bücken. Zuerst legt Frau Salewske der Sängerin eine breite schwarze Perlenkette um den Hals. Dann hilft sie ihr in lange schwarze Handschuhe mit spitzen Hexenfingernägeln und in ein goldenrotes Kunststoffkleid, das ziemlich eng und steif ist. Sorgfältig verschließt die Ankleiderin alle Haken und Ösen. Über das rote Kleid kommt noch ein schwarzes Hexenkleid aus Tüll und Spitze, bei dem jeder Stoffzipfel zurechtgezupft werden muss. Endlich ist die Knusperhexe fertig und in diesem Moment tönt es auch schon aus dem knackenden Lautsprecher: »Frau Bennett, bitte zur Bühne.«

Wir sehen Frau Bennett erst bei ihrem Auftritt wieder. Der Vorhang hat sich geöffnet, Hänsel und Gretel klauen sich gerade ein kleines Stück vom Knusperhaus und wir hören ihre unheimliche Stimme: »Knusper, knusper, knäuschen, wer knuspert mir am Häuschen?« Dann öffnet sich ganz langsam die Tür des kleinen Hexenhauses. Im Publikum ist ein Raunen zu hören. Die Verwandlung von Frau Bennett ist extrem gut gelungen und der Anblick der nach vorn gebeugten Hexe ist vor allem für die jüngeren Zuschauer ein wenig Furcht einflößend und ganz schön beeindruckend.

Frau Bennett bestätigt uns nach der rundum gelungenen Vorstellung: »Wenn mich Kinder als Knusperhexe sehen, bekommen sie sogar oft ein bisschen Angst und möchten mir nicht zu nahe kommen, wenn ich ihnen die Hand gebe. Selbst wenn ich freundlich mit ihnen spreche und erkläre, wer ich bin, bleiben sie zurück-

haltend. Der Eindruck der Hexen-
maske ist einfach zu stark.«

Zum Schluss begleiten wir Frau
Bennett noch einmal zur Maske. Das
Kostüm hat sie schon ausgezogen,
jetzt wird die Perücke abgenommen
und die Haare werden gelöst. Frau

Bennett schminkt sich mit Öltüchern
ab. Nach und nach verschwinden die
kantigen Gesichtszüge, und als wir
das verschmitzte Lächeln von Marilyn
Bennett wiedererkennen, sind auch
wir ein bisschen erleichtert und fasziniert von den Möglichkeiten, die ein
Maskenbildner hat.

Gretel fürchtet sich vor der Knusperhexe.

Landeskriminalamt NRW

Landeskriminalamt
Nordrhein-Westfalen

Wie überführen Kriminalisten einen Bankräuber?

Über 1000 Mitarbeiter arbeiten im Landeskriminalamt Nordrhein-Westfalen und unterstützen die Polizei mit modernster Technik und wissenschaftlichen Untersuchungsmethoden bei deren Ermittlungen. Sie vergleichen zum Beispiel Fingerspuren, arbeiten mit Spracherkennungsprogrammen, untersuchen Beweisstücke und nutzen in vielen Fällen kleinste Haar- oder Hautpartikel für einen ganz besonderen Test, mit dem Täter eindeutig entlarvt werden können. Oft erstellen die Experten auch ein sogenanntes Phantombild des Tatverdächtigen als Fahndungshilfe für die Polizei. Um zu erfahren, wie diese Methoden in einem Kriminalfall eingesetzt werden, haben wir mit Hauptkommissarin Michaela Heyer hinter die Labortür von Kathy Kuntze geschaut. Die Biologin hat uns bei der Suche nach einem Bankräuber in einige Untersuchungsmethoden eingeweiht.

Auf dem Weg zum Labortrakt erklärt uns Frau Heyer, dass die Experten des LKA von allen Polizeidienststellen in NRW große Briefumschläge mit Untersuchungsanträgen und **Asservaten** geschickt bekommen. So werden die beschlagnahmten Beweisstücke von der Polizei genannt. Das können Waffen, Kleidungsstücke, Stoff- oder Pflanzenreste und die verschiedensten Gegenstände sein, die am Tatort gefunden werden. Jedes Jahr sind es über 30 000 Anträge, die das LKA bearbeitet und nach den Untersuchungen mit einem kriminalwissenschaftlichen Gutachten zurück an die Polizeibehörden schickt.

Im LKA arbeiten viele verschiedene Spezialisten. Es gibt Fachleute für schusstechnische Untersuchungen, die einwandfrei eine Tatwaffe identifizieren können, Wissenschaftler, die mit chemischen Methoden den

Das Untersuchungsmaterial wird meistens in großen Umschlägen geschickt.

Rauschgiftgehalt von verdächtigen Stoffen bestimmen können, Experten, die sich ausschließlich mit der Ermittlung von Brandursachen beschäftigen, und Daktyloskopen. Das sind Profis, die sich auf den Vergleich von Fingerabdrücken spezialisiert haben.

Auch Frau Kuntze ist eine Spezialistin. Ihr Fachgebiet ist der sogenannte genetische Fingerabdruck. So wird die Untersuchung genannt, bei der Wissenschaftler das Erbgut eines Menschen entschlüsseln. Es werden aber nur die Teile des Erbmaterials untersucht, die keine Rückschlüsse auf das Aussehen, die Größe oder das Gewicht zulassen. Jetzt fragt ihr euch vielleicht, was das Erbgut mit einem Fingerabdruck zu tun hat? Sicher wisst ihr, dass eure Fingerabdrücke

einzigartig sind und es wirklich niemanden auf der Welt gibt, der den gleichen Fingerabdruck hat wie ihr. Genauso einzigartig ist auch die Zusammensetzung, das Muster des Erbmaterials in euren Zellen, den winzigen Bausteinen eures Körpers.

Und genau diese Tatsache wird beim genetischen Fingerabdruck genutzt, um einen Täter zu überführen. Die Experten vergleichen das Muster des Erbmaterials einer Probe, die am Tatort gefunden wurde, mit der Probe eines Verdächtigen oder mit gespeicherten Daten aus einer Datenbank für überführte Straftäter. Ein Haar, eine winzige Hautschuppe, ein Tropfen Blut oder etwas Speichel reichen aus, denn das Erbmaterial ist in allen Körperzellen enthalten.

Mittlerweile sind wir auf unseren Kriminalfall schon richtig gespannt und stehen erwartungsvoll vor der Labortür. Der Hinweis, vor dem Betreten Schutzkleidung anzuziehen, verwirrt uns etwas. Aber während wir einen Kittel, Mundschutz und Handschuhe anziehen, klärt uns Frau Heyer auf: »Keine Angst, es ist nicht gefährlich im Labor und ihr könnt euch auch nicht anstecken. Hier ist nur extreme Sauberkeit wichtig. Denn falls beispielsweise eine Hautschuppe in die Untersuchungsprobe fällt, verändert das die Ergebnisse. Deswegen müssen wir hier penibel arbeiten und auch alle Arbeitsschritte mehrmals überprüfen und wiederholen.«

Der Fall

Frau Kuntze trägt einen Laborkittel, Handschuhe und einen Mundschutz. In ihrer Hand hält sie einen Briefumschlag, mit der Aufschrift »Untersuchungsmaterial Polizei NRW«. Sie erklärt uns: »Den Brief haben uns Kollegen aus Bochum geschickt. Bei einem Banküberfall hat ein mutiger Angestellter dem fliehenden Täter die Mütze vom Kopf gerissen, die sich der Räuber wohl als Maske über das Gesicht gezogen hatte. Mal sehen, ob wir hier etwas für unsere Untersu-

chung finden. Das Ergebnis könnten wir dann mit unseren gespeicherten Daten von Tätern vergleichen. Vielleicht können wir den Bankräuber so überführen.«

Die Biologin zieht eine rote Pudelmütze aus dem Umschlag, legt sie vor sich auf den Labortisch und fotografiert sie von allen Seiten. »Bei uns wird jeder Arbeitsschritt genau dokumentiert, damit die Untersuchung auch später immer wieder nachvollzogen werden kann«, beschreibt sie und schaut sich danach die Mütze ganz genau unter dem Mikroskop an. »Ich hatte gehofft, ein Haar zu finden, aber ich entdecke hier leider nichts.« Wir zucken ratlos mit den Schultern, aber die Expertin gibt nicht auf. Sie holt ein bläuliches Papier aus der Schublade, feuchtet es ein wenig an

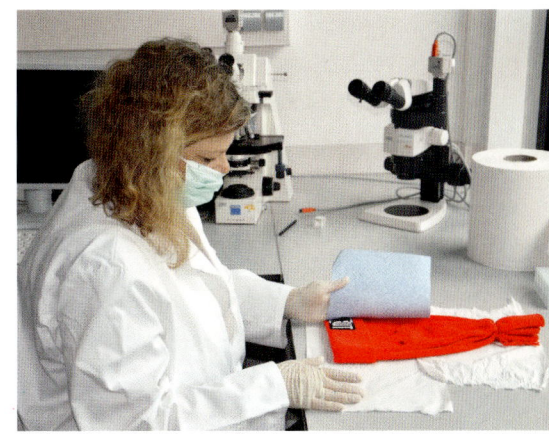

Kathy Kuntze sucht mit einem Spezialpapier nach Speichelspuren.

und legt es auf die Vorderseite der Mütze. »Das ist Spezialpapier. Es reagiert auf kleinste Speichelmengen und färbt sich an der Stelle dunkelblau«, beschreibt sie und nimmt das Papier langsam wieder hoch. Und tatsächlich, an einer Stelle hat sich das Papier verfärbt. »Wir haben wahrscheinlich die Stelle der Mütze gefunden, die mit dem Mund des Täters in Berührung kam. Beim Sprechen ist etwas Spucke an der Wolle hängen geblieben«, freut sich Kathy Kuntze. Schnell greift sie zu einer feinen Schere und schneidet das entsprechende Wollstückchen heraus. Wir können uns immer noch nicht vorstellen, dass mit dieser kleinen Fluse der Täter überführt werden kann, aber Frau Kuntze erklärt uns: »Der rote Fetzen kommt jetzt in eine Flüssigkeit, die Stoffe enthält, die den Speichel aus der Wolle herauslösen. Und aus dem Speichel kann das Erbgut freigesetzt werden. Das Erbgut wird auch als DNA, als Desoxyribonukleinsäure, bezeichnet. Das sieht dann so aus.« Die Spezialistin zeigt auf die Flüssigkeit in einem kleinen Plastikgefäß mit Deckel. Bevor sie aber das genaue Muster des Erbmaterials bestimmen kann, muss sie noch einen Trick anwenden, damit sie genügend Material für die eigentliche Untersuchung hat. Dazu kommt ein

Teil der Flüssigkeit in ein Gerät, das bestimmte Bereiche der DNA so oft vervielfältigt, bis ausreichend Material für die weitere Untersuchung vorhanden ist. In einem anderen Gerät wird die DNA anschließend sortiert. Daraus entsteht ein unverwechselbares Muster, das als Messkurve mit anderen Daten verglichen werden kann.

Auch unsere Kurve wird mit den Daten aus der Datenbank verglichen, aber leider Fehlanzeige. Keiner der abgespeicherten Datensätze stimmt mit unseren Messdaten hundertprozentig überein. Der Bankräuber ist also bisher noch nicht bei der Polizei erfasst worden.

Die Fingerabdrücke

Als wir Frau Heyer fragen, welche Möglichkeiten der Spurensuche das LKA jetzt noch hat, verrät uns die Kommissarin, dass die Bochumer Beamten auch eine Pistole ins LKA

Im Licht ist der Fingerabdruck auch mit dem bloßen Auge sichtbar.

geschickt haben. Sie hatten die Waffe in einem Papierkorb in der Nähe der Bank gefunden und vermuten, dass sie dem Bankräuber gehört. »Die Pistole wird gerade von unseren Experten für Fingerabdrücke untersucht«, erzählt sie. »Hierfür wird die Pistole in einem Bedampfungsapparat mit einem Stoff bedampft, der Cyanacrylat heißt und nichts anderes ist als eine Art Sekundenkleber. Der Kleber wird erhitzt, verdampft und legt sich als ganz feine Schicht auf die Oberfläche der Pistole. Falls es Fingerabdrücke auf der Waffe geben sollte, werden sie so sichtbar. Das liegt an winzigen Wassertröpfchen, die die Haut bei jedem Fingerabdruck hinterlässt und die sich dann mit dem Kleber verbinden. Die weißen Abdrücke kann man unter einer Lupe gut erkennen.

Die Daktyloskopen fotografieren die Abdrücke und markieren ihre Besonderheiten. Anschließend übertragen sie die Daten in eine Computerdatei, die Automatisches Fingerabdruck-Identifizierungssystem genannt wird und über das Bundeskriminalamt allen Spezialisten für Vergleiche

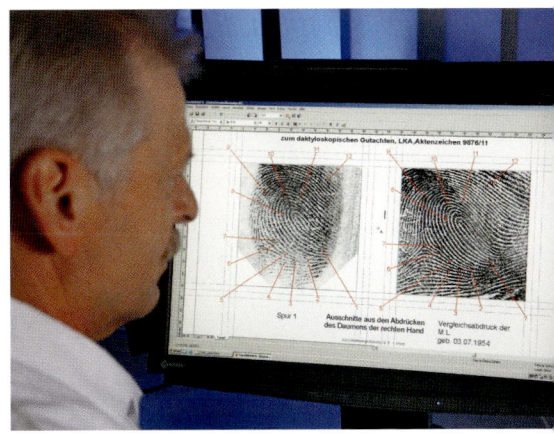

Die Daktyloskopen schauen sich die besonderen Merkmale eines Fingerabdrucks ganz genau an.

zur Verfügung steht. Aber auch mit dieser Methode kommen wir dem Täter nicht auf die Spur, denn die Fingerabdrücke auf der Pistole sind unbekannt.

Das Phantombild

Jetzt haben die Experten nur noch eine Chance: Die Bochumer Polizeibeamten haben mittlerweile die Aussagen von allen Zeugen ausgewertet, die während des Überfalls in der Bank waren. Ein siebenjähriger Junge hat das Gesicht des fliehenden Täters gesehen, nachdem der Bankangestellte ihm die Mütze vom Kopf gerissen

hatte. Er sitzt jetzt mit einem Fachmann von der Einsatzgruppe visuelle Fahndungshilfe am Computer. Der Experte ist auf die Erstellung von Phantombildern spezialisiert und schaut sich gemeinsam mit dem Jungen zahlreiche Fahndungsbilder an. Anhand der Fotos erklärt das Kind dem Experten, wie die Augen und die Nase des Täters aussahen, welche Farbe seine Haare hatten und dass ihm eine lange Narbe im Gesicht aufgefallen ist.

Nach und nach entsteht das Gesicht eines circa 30 Jahre alten Mannes. »Der war's«, ruft der Junge plötzlich. »So sah er aus.«

Der Spezialist entwickelt nach Zeugenaussagen das Phantombild.

Den Experten steht eine große Anzahl von Phantombildern zur Verfügung.

Nachdem ein Richter es genehmigt hat, wird das Bild am nächsten Tag in der Zeitung veröffentlicht und diesmal haben die Experten Glück. Bei der Bochumer Polizei meldet sich ein Mann, der behauptet, dass sein Nachbar auf dem Bild abgebildet ist. Kurze Zeit später nehmen die Polizisten den Verdächtigen fest und bitten ihn um eine Speichelprobe. Die Probe wird in einem verschlossenen Kunststoffröhrchen ins LKA-Labor geschickt und von Kathy Kuntze und ihren Kollegen untersucht.

Als wir später mit Frau Kuntze die Messdaten dieser Probe mit den Messdaten von der Mütze vergleichen, nicken wir anerkennend. Tolle Leistung! Die Kurven sind wirklich absolut gleich, es gibt keinen Unterschied zwischen ihnen. »Das bedeutet, der Speichel an der Mütze und der Speichel am Wattestäbchen stammen von derselben Person«, fasst Kathy Kuntze für ihr Gutachten zusammen und freut sich, dass sie den Fall an dieser Stelle für sich abschließen kann. Denn ob der Mann den Banküberfall zugibt und gesteht, gehört zu den Aufgaben der Bochumer Polizisten.

Berg-
rettungs-
hunde
Salzburg

Der erste Flug von Ausbilder
Huttegger Franz mit Hund Niki.

Wie werden Bergrettungs- hunde ausgebildet?

Bergrettungshunde sind die Detektive der Berge. Ob Sommer oder Winter, die Spürnasen werden bei jedem Wetter eingesetzt, wenn es darum geht, einen vermissten oder verletzten Wanderer, Bergsteiger, Paragleiter oder Skifahrer zu finden. Auch nach Lawinenabgängen sind die Vierbeiner die besten Helfer bei der Suche nach Verschütteten. Dabei bilden sie mit ihrem Besitzer, dem Hundeführer, ein gut eingespieltes Team. Wir haben uns mit Karl Egger, dem Leiter der Bergrettungshunde- staffel Salzburg, und seiner Hündin Maya getroffen. Er hat uns erklärt, welche Hunde sich für die Bergrettung eignen, wie sie ihre Suchaufgabe lernen und für den Einsatz in den Bergen ausgebildet werden.

Dass Hunde Verschüttete in einer La- wine aufspüren können, wurde 1939 zufällig in der Schweiz herausgefun- den, als der Dackel eines Holzfällers ein Lawinenopfer aufspürte. Mittler-

weile werden überall speziell ausge- bildete Rettungshunde in den Bergen eingesetzt. In Österreich schult die Bergrettung die Hunde und ihre Be- sitzer, die sogenannten Hundeführer. Ungefähr zwei Jahre lang müssen sie verschiedene Fachkurse besuchen, bevor sie an einem Rettungseinsatz teilnehmen dürfen.

Aber bevor der Hund ausgebildet werden kann, muss der Hundeführer eine Ausbildung zum Bergretter machen. Er lernt beispielsweise, Erste Hilfe zu leisten und das Klettern an steilen Felswänden und auf Eis. Außerdem muss er wissen, was bei einem Lawineneinsatz zu beachten ist. Zudem besucht er Kurse zur Ver- schüttetensuche, zu Lawinenkunde und Wetterkunde. Erst als ausgebil- deter Bergretter kann er mit seinem Hund die Ausbildung zum Berg- rettungshund beginnen.

»Es ist uns wichtig, dass Hund und Hundeführer sehr gut ausgebildet sind, denn der Einsatz ist körperlich ziemlich anstrengend, für den Menschen genauso wie für das Tier«, erklärt Karl Egger. »Der Hund soll ausdauernd nach den Verschütteten suchen, er darf sich nicht von Wind, Unwetter, anderen Gerüchen und Geräuschen ablenken lassen. Und sobald er den Vermissten gefunden hat, soll er lange und anhaltend bellen, so lange, bis der Hundeführer bei ihm ist.« Herr Egger ist seit über 30 Jahren Hundeführer und auch schon sehr lange Ausbilder.

Seine Hündin Maya ist mittelgroß, hat beiges Fell und wache Augen. Sie ist vier Jahre alt und begleitet Herrn Egger als ausgebildeter Rettungshund zu allen Einsätzen. Außerdem nehmen die beiden regelmäßig an Übungen teil, damit Maya das Gelernte nicht vergisst und immer wieder neue Situationen kennenlernen kann. Bevor wir die beiden bei einer Übung hoch in die Berggipfel begleiten, erklärt uns Karl Egger, wie Maya von klein auf zum Rettungshund ausgebildet wurde. Es werden dafür nur Hunde ausgewählt, die gerne und schnell arbeiten, eine gute Auffassungsgabe und Ausdauer haben und ganz gesund sind. Im Idealfall sind sie

nicht schwerer als 30 Kilogramm, denn ihre Besitzer müssen sie auch schon mal in den Lift oder in den Hubschrauber heben.

Die ersten Übungen

An den Zeitpunkt, als seine Hündin Maya als acht Wochen alter Welpe zu ihm und seiner Familie ins Haus zog, kann sich Karl Egger noch gut erinnern. Nachdem er sie vom Züchter abgeholt hatte, blieb Maya in den ersten zwei Wochen überwiegend mit ihrem neuen Herrchen zu Hause. Sie sollte sich an ihre neue Umgebung gewöhnen und möglichst

Welpentransport im Rucksack: Ausbilder Huttegger Franz mit Niki

Maya und Karl Egger hoch oben auf dem Gipfel

schnell eine enge Bindung zu ihm aufbauen, denn ein tiefes gegenseitiges Vertrauen ist für die Arbeit in der Bergrettung besonders wichtig. Herr Egger nahm sich deshalb sehr viel Zeit für seine Hündin, spielte oft mit ihr und ließ sie bei den regelmäßigen kleinen Spaziergängen die Umgebung erkunden. Nach ein paar Wochen begann er mit den ersten kleinen Übungen.

Auf den Spaziergängen hatte er häufig eine Gummiente weit weggeworfen, die Maya mit großer Freude immer wieder zu ihm zurückbrachte. Jetzt versteckte er ihr Lieblingsspiel-

zeug bei den Spaziergängen in seiner Manteltasche. Natürlich wollte Maya mit der Ente spielen. Sie lief aufgeregt um ihn herum und versuchte ihn schwanzwedelnd zum Spielen aufzufordern. Immer wieder schnupperte sie an seinen Händen und dem Mantel, denn sie konnte die Ente natürlich riechen. Aber Herr Egger reagierte nicht auf ihre Aufforderungen. Die junge Hündin wurde immer aufgeregter und stieß plötzlich ein helles Bellen aus. Sofort holte Herr Egger die Ente aus der Tasche, lobte Maya für das Bellen und warf die Ente im hohen Bogen davon. Maya sauste schnell hinterher und brachte die

Ente zurück. Das Spielzeug verschwand wieder in der Manteltasche und kam erst beim nächsten Bellen wieder zum Vorschein.

Nach wenigen Wiederholungen begriff Maya, dass das Bellen der Schlüssel zum Erfolg, also zum Spielzeug war. Damit hatte Herr Egger ihr den ersten wichtigen Schritt der Ausbildung, das sogenannte Verbellen, beigebracht. Maya wusste jetzt, dass sie bellen musste, wenn sie das Spielzeug entdeckt hatte und haben wollte. Im nächsten Schritt versteckte Karl Egger die Ente dann in der näheren Umgebung und gab das Kommando »Such«. Immer wenn Maya die Ente hinter einem Baum oder unter einem Stein entdeckte und bellend davor stehen blieb, bekam sie einen kleinen Leckerbissen von dem Hundeführer und wurde überschwänglich gelobt. »Es ist wichtig, dass der Hund jedes Mal gelobt wird, wenn er bellend vor dem gefundenen Gegenstand stehen bleibt. Dadurch wird dieses Verhalten verstärkt und gefestigt, denn der Hund möchte immer wieder gelobt werden«, erzählt uns Herr Egger.

Der erste Kurs

Mit ungefähr sieben Monaten besuchte Maya den ersten Kurs ihrer Ausbildung. Eine ganze Woche lang lernten und übten mehrere Junghunde mit ihren Hundeführern die ersten Aufgaben im Schnee, bei denen die Ausbilder die gute Bindung zwischen Hund und Herrn ausnutzen. Als Rudeltiere erkennen Hunde ihren Besitzer als Rudelführer an, mit dem sie nach Möglichkeit immer zusammen sein möchten.

Bei dieser Übung blieb Maya zunächst bei dem Ausbilder angeleint, während sich Herr Egger in einer vorbereiteten Schneehöhle versteckte. Nachdem ein Helfer den Eingang locker mit Schnee verschlossen hatte, rief Karl Egger seine Hündin. Maya war ganz aufgeregt. Es war eine unbekannte Situation und sie wollte sofort zu ihrem Herrchen. Kaum war sie abgeleint, nahm sie mit ihrer Nase Witterung auf und suchte Karl Egger. Schnüffelnd lief sie hin und her. Plötzlich hatte sie den richtigen Geruch in der Nase und raste los. Als sie vor der Schneehöhle stand, scharrte sie mit ihren Vorderpfoten im Schnee. Aber es passierte nichts. Erst als sie bellte, öffnete Karl Egger den Eingang, streichelte und lobte seine kluge Hündin.

Rettungshund Arie findet einen Menschen bei einer Übung.

»Nur wenn die Hunde bellen, haben sie ihre Aufgabe richtig erfüllt, denn oft sind die Witterungsbedingungen beispielsweise bei einem Schneesturm so schlecht, dass man seine eigene Hand nicht vor den Augen sehen kann. Und dann nützt es nichts, wenn der Hund still und leise vor dem Vermissten steht. Er muss bellen, damit wir ihn schnell finden und keine Zeit verlieren. Bei Lawinenopfern oder Verletzten zählt oft jede Minute«, erklärt uns Herr Egger. Während des Kurses werden die Übungen nach und nach schwieriger, da sich der Hundeführer besser versteckt und tiefer in den Schnee eingegraben wird. Im zweiten Schritt versteckt sich der Hundeführer gemeinsam mit einem Fremden, um die Hunde an die Vermisstensuche zu gewöhnen. Und dann ist es endlich so weit und die Hunde müssen einen Fremden im Gelände suchen. Das ist die schwierigste Übung während des Kurses. Wenn ein Hund das schafft, hat er den wichtigsten Punkt der Ausbildung verstanden. Als Maya das zum ersten Mal geschafft hatte und bellend vor einem eingegrabenen fremden Hundeführer stand, war Herr Egger richtig stolz auf sie.

Maya und Karl Egger hängen gemeinsam am Seil des Helikopters.

In ihrer Ausbildung lernen die Hunde auch verschiedene Fahrzeuge kennen, an deren Geräusche sie sich erst gewöhnen müssen. Denn die Unglücksstellen sind oft hoch oben in den Bergen und nur schwer zu erreichen.

In ihrem ersten Kurs fuhr Maya bereits in einer Schneeraupe mit und auch in einem Schlepplift. Das ist ein

Lift, bei dem die Fahrgäste auf Skiern stehen und sich gegen einen Bügel lehnen, während sie den Berg hochgezogen werden. Da Hunde das natürlich nicht können, müssen die Hundeführer mit einem Trick arbeiten: Entweder wird der Hund im Rucksack mitgenommen oder er liegt, wie ein dicker Schal, auf den Schultern seines Führers. Das ist eine besondere Herausforderung für Hund und Hundebesitzer, denn der Hund darf keine Angst haben und muss während der ganzen Fahrt ruhig liegen bleiben. Auch der erste Flug mit einem Hubschrauber ist für viele Hunde aufgrund des hohen Geräuschpegels eine stressige Situation. »Dass die Hunde zuerst nicht gern in ein lautes Ungetüm einsteigen, ist klar. Deswegen habe ich Maya die ersten Male in den Hubschrauber gehoben und sie im Arm gehalten, sodass sie sich sicher fühlte und sich an den Lärm und das Fliegen gewöhnen konnte. Jetzt ist das nicht mehr nötig«, erzählt Herr Egger.

Die weitere Ausbildung

Der zweite Kurs fand im Sommer statt. Maya lernte in verschiedenen Übungen, auf immer größerem Gelände zuerst nach einzelnen Personen

zu suchen, später musste sie auch zwei oder drei Menschen finden. Sie fand sie unter Laubhaufen, Holzstapeln, in Felsspalten oder hinter Baumstämmen. Jedes Mal blieb sie vor ihnen stehen und bellte so lange, bis ihr Besitzer bei ihr angekommen war. Herr Egger erklärt: »Im Sommer suchen die Hunde oft verirrte Wanderer oder verletzte Bergsteiger. Die Superspürnasen können ganz schnell ein großes Gebiet absuchen, sie nehmen die Witterung mit ihrer feinen Nase auf und gehen der Spur nach. Wir Menschen können uns ja nur auf unsere Augen verlassen. Und dichtes Gehölz, Gebüsche oder Dunkelheit erschweren diese Aufgabe zusätzlich. Bei diesen Übungen müssen die Hunde lernen, dass sie auch weiterbellen sollen, wenn die Gefundenen mit ihnen sprechen. Sie dürfen wirklich erst aufhören, wenn ihr Hundeführer bei ihnen ist.«

Im dritten Kurs wird es noch ein bisschen schwieriger. Bis zu zwei Meter tief können die Opfer in den Übungen vergraben sein. Es wird auch unter erschwerten Bedingungen geübt. Bei starkem Wind ist es für den Hund schwieriger, die Witterung aufzunehmen, bei zusätzlichen Störgeräuschen durch Funkgeräte darf er sich nicht ablenken lassen. Außerdem lernen viele Hunde den Flug außerhalb des Helikopters kennen. Hierzu werden sie mit ihrem Herrchen an einem Bergseil mit ihrem Brustgeschirr festgehakt und fliegen frei in der Luft hängend den Berg hoch. Hinunter geht es im Winter übrigens oft auf den eigenen vier Pfoten. Nach den Übungen fahren die Hundeführer auf Ski den Berg wieder hinunter. Dabei fahren sie etwas breitbeiniger, sodass ihr Hund zwischen den Skiern mitlaufen kann.

Nach der Abschlussprüfung bekommt der Bergrettungshund eine offizielle Plakette und eine gelbe Kenndecke der österreichischen Bergrettung, die er bei jedem Einsatz und bei jeder Übung trägt.

Rettungshund Spencer mit Welpe Max

Die Übung

Jetzt ist es endlich so weit und wir sind gespannt, wie die Übung abläuft. Alles startet mit einer SMS, die Herr Egger auf seinem Mobiltelefon empfängt. Das Rote Kreuz gibt eine Suchmeldung nach einem vermissten Bergsteiger aus. Herr Egger meldet sich zuerst bei seinem Bezirksleiter und erfährt, dass die Rettungsmannschaft mit dem Sessellift auf den Berg fährt. Danach legt er Maya die Kenndecke an, die deutlich macht, dass sie im Einsatz ist, und schnappt sich seinen Bergrettungsrucksack. Der Rucksack ist gepackt, damit im Ernstfall keine Zeit verloren geht. Funkgerät, Lawinenpiepser, Erste-Hilfe-Tasche, Lampe und warme Kleidung hat Herr Egger immer dabei. Schnell fahren wir mit Maya zum Lift, der nur wenige Meter von Herrn Eggers Haus entfernt ist. An der Liftstation warten zwischen einigen Wanderern schon drei andere Hundeführer mit ihren Hunden, mit denen

wir jetzt gemeinsam nach oben fahren werden. Maya und Herr Egger gehen eng nebeneinanderher bis zum Lifteinstieg. Jetzt verringert der Lift für einen Augenblick seine Geschwindigkeit und Maya springt auf die eine Seite der Sitzbank, während sich Karl Egger lobend auf die andere Seite setzt. Nebeneinander mit ihren Hunden auf der Bank sitzend, gelangt ein Hundeführer nach dem nächsten im Lift nach oben. Als der Lift an der Gipfelstation ankommt, springt Maya ganz schnell aus dem Lift heraus. »Auf ihren vier Pfoten fühlt sie sich doch am wohlsten«, lacht Herr Egger und eilt dann mit den anderen Hundeführern zu der Stelle, an der der Bergsteiger zum letzten Mal gesehen wurde.

Die Hunde laufen witternd umher und werden immer wieder von ihren Hundeführern motiviert: »Such, Maya!«, hören wir immer wieder.

Maya läuft vor und verschwindet in einer Waldlichtung. Bevor wir an dem Wäldchen ankommen, verlässt sie den Wald schon wieder und läuft über eine Almwiese. Wir haben Mühe, ihr zu folgen, so schnell ist sie. An einem Geröllfeld bleibt sie kurz stehen und läuft dann schnüffelnd hin und her. »Vielleicht hat sie schon etwas gefunden, dann wird sie es gleich verbellen«, erklärt uns Herr Egger. Noch bevor er den Satz zu Ende gesprochen hat, hören wir die Hündin tatsächlich bellen. Aber sehen können wir sie zwischen den Felsen nicht. Schnell laufen wir in ihre Richtung und vergessen für einen Moment tatsächlich, dass es nur eine Übung ist. Irgendwie haben wir das Gefühl, dass wir nicht zu spät kommen dürfen und vielleicht einen Verletzten retten müssen. Außer Atem kommen wir bei der Hündin an. Sie steht bellend vor einem Mann, der in einen Felsspalt gerutscht ist und nicht mehr alleine herauskommt. Während Herr Egger Maya überschwänglich lobt und ihr immer wieder versichert, dass sie die allerbeste Hündin ist, kommen auch die anderen Führer mit ihren Hunden dazu. Gemeinsam ziehen sie den Mann mit einem Seil aus dem Felsspalt heraus und freuen sich über die gelungene Übung.

Als wir kurze Zeit später gemeinsam mit dem Sessellift nach unten fahren, sind wir von Mayas Leistung und dem Einsatz der Hundeführer immer noch tief beeindruckt und froh, dass es die ehrenamtlichen Bergretter gibt, die Menschen in lebensbedrohlichen Situationen helfen und retten können.

Maya findet den vermissten Bergsteiger.

Immer wieder kontrollieren die Mitarbeiter den Druckprozess.

Bundes-
druckerei

Wie werden Euroscheine gedruckt?

Dass sich diese Tür für uns öffnet, können wir selbst kaum glauben. Wir stehen in Berlin vor einem großen Gebäude mit einer riesigen Glasfront und müssen einzeln durch eine besondere Sicherheitsschleuse gehen. Sie gehört zur Eingangskontrolle der Bundesdruckerei. In dieser Druckerei werden ganz spezielle Dokumente gedruckt: Reisepässe, Ausweise, Führerscheine und natürlich auch Geldnoten, die absolut fälschungssicher sein müssen. Dafür garantieren die Experten mit ausgefeilten technischen Tricks. Wir sind mit einem Mitarbeiter der Druckerei verabredet, der uns einiges über die Herstellung von Euroscheinen erklären und die Druckerei zeigen möchte.

In Deutschland gibt es nur zwei Druckereien, die Euronoten drucken dürfen. Die Bundesdruckerei ist eine von ihnen. Sie wurde vor über 130 Jahren als Reichsdruckerei gegründet und hat sich über die Jahre zu einer

Art Spezialdruckerei entwickelt. Denn eins haben all ihre Druckerzeugnisse gemeinsam: Sie müssen fälschungssicher sein.

Auf Sicherheit wird hier überall Wert gelegt. Schon während wir auf die Druckerei zugehen, werden wir von Kameras beobachtet. Das Gebäude, in dem die Druckmaschinen für die Geldnoten stehen, wird von den Mitarbeitern liebevoll **die Note** genannt. Es hat eine verspiegelte Glasfront, durch die wir die Maschinen nur schemenhaft erkennen können. Am Eingang gibt es einen Wachdienst und jeder von uns bekommt einen Besucherausweis, den wir an einer Schranke scannen lassen. Dann geht es durch eine Sicherheitsschleuse, die eigentlich eher wie eine Sicherheitsröhre aussieht. Vor der Röhre befinden sich Schließfächer für Wertgegenstände wie Kameras und Handys, da auf dem Gelände Fotografieren normalerweise streng verboten ist. Auch

die Mitarbeiter dürfen keine Handys mit Kamera hinter diese Absperrung nehmen. Für einen Augenblick sind wir in der engen Röhre eingeschlossen, dann öffnet sich die Schleuse auf der gegenüberliegenden Seite und wir stehen im Foyer. Dort wartet schon der Druckereimitarbeiter. Er wird uns so viel wie möglich zeigen. Aus Sicherheitsgründen möchte er aber seinen Namen nicht nennen. Er erzählt uns, dass er auch mit seinen Freunden und seiner Familie kaum über seine Arbeit spricht.

Durch eine Brandschutztür betreten wir eine große unterteilte Halle mit vielen Maschinen. Sofort steigt uns der typische Druckereigeruch in die Nase, es riecht nach Druckerschwärze, Papier und Farbe. Außerdem gibt es einen leicht metallischen Geruch, der von Druckplatten aus Metall stammt. Die Maschinen sind in einer langen Reihe angeordnet, wie in einer Druckstraße. Einige Mitarbeiter stehen an den Maschinen und überprüfen mit kritischen Blicken die Arbeit. Manchmal halten sie auch eine Maschine kurz an oder fahren einen Papierstapel zur nächsten Druckstation. Alle Angestellten tragen einen Gehörschutz. Das Roulieren der Platten, so nennen die Fachleute die Bewegung der Druckplatten auf der

Maschine, ist nämlich ziemlich laut und die Motoren der Druckmaschinen brummen vor sich hin.

Wir sehen uns zunächst das Papier an, auf dem die Euronoten gedruckt werden. Es wird der Druckerei in Bögen oder in Rollen geliefert und besteht aus Baumwolle. Das Papier fühlt sich richtig fest und griffig an. Gerade wird wieder ein großer Stapel quadratischer Bögen mit einem kleinen Gabelstapler an die erste Druckmaschine herangefahren. Auf den Bögen sind sogenannte Wasserzeichen und glitzernde Metallstreifen zu erkennen.

»Das werden 50-Euro-Scheine«, erläutert der Mitarbeiter. »Es gibt insgesamt sieben verschiedene Euronoten, die sich durch ihre Größe, Farbe und das Bild auf der Vorder- und Rückseite voneinander unterscheiden. Aber die Sicherheitsmerkmale wie das Wasserzeichen und den Sicherheitsfaden gibt es bei allen Scheinen. Und hier ist eine ›50‹ zu erkennen, wenn wir den Bogen gegen das Licht halten.«

Ihr könnt das zu Hause leicht über-prüfen, wenn ihr einen 50-Euro-Schein gegen das Licht haltet. Dann ist links auf der Vorderseite das Wasserzeichen zu sehen. Den Wert des Scheins bestimmt die Zahl, die als Wasserzeichen auftaucht. In unserem Fall erscheint die Zahl »50«. Auch auf dem Metallstreifen in der Mitte des Scheins sind diese Zahl und der Text »50 Euro« ganz klein zu entziffern. Auf der rechten Seite des Scheins gibt es ein kleines metallisch aussehendes Bild, ein Hologramm. Wenn ihr den

50-Euro-Schein flach vor euch hin-legt, seht ihr eine schimmernde »50«. Kippt ihr den Geldschein an der oberen Kante etwas nach oben, verwandelt sich die Zahl ganz plötzlich in ein Fenster. Es ist das gleiche Fenster, das auch als fein gedrucktes größeres Bild auf der Vorderseite zu sehen ist.

Zu der Herstellung der Hologramme erfahren wir nicht viel. Streng geheim! Lediglich, dass sie als ganz spezielle Metall- oder Kunststofffolien irgendwann während des Drucks

Spezialfolie mit Hologrammen

eingearbeitet werden. Der eigentliche Druck beginnt an einer Maschine, die einen Greifer hat, der jeden Papierbogen einzeln vom Stapel nimmt und in die Maschine einlegt. Für die 50-Euro-Scheine wird durch ein feinmaschiges Sieb goldgelbe Farbe gedrückt. Mit dieser Farbe entstehen die ersten feinen Streifenmuster auf den Bögen, die danach wieder fein säuberlich gestapelt werden.

Im nächsten Schritt gelangt das Papier zu einer riesigen Maschine mit vielen Walzen. Jede Walze hat ein anderes Muster, das sie auf den vorbeirasenden Bogen presst. So wird mit jeder Walze ein weiterer Teil des Scheins bedruckt, bis das Eurozeichen, die Zahl, die Sterne der Europaflagge und die Bildmotive vollständig auf den Banknoten erscheinen. Als größere Bilder werden auf der Vorderseite der Scheine Fenster und Türen abgebildet. Die Rückseite aller Euronoten zeigt ein Brückenmotiv. Auch hier sind die Reihenfolge der verschiedenen Druckschritte und die genaue Farbmischung streng geheim. Wir können nur erkennen, dass die Bögen von oben durch die Walzen gezogen und von beiden Seiten gleichzeitig bedruckt werden. Das geht ganz schnell, ein Bogen nach dem nächsten, und am anderen Ende

verlassen die Geldbögen als ordentlicher Stapel die Maschine.

An der nächsten Station erzählt uns ein Mitarbeiter, dass die Buchstabenreihenfolge am oberen Rand der Vorderseite des 50-Euro-Scheins mit einer besonderen Drucktechnik hergestellt wird. Sie heißt Stichtiefdruck und ist das aufwendigste Druckverfahren, das es gibt. Das Motiv ist als Vertiefung in eine Metallplatte eingearbeitet und mit Farbe gefüllt. Nachdem

Die Fenster, Tore und Brücken, die ihr auf den Euroscheinen entdecken könnt, existieren nicht wirklich. Es sind erdachte Motive, die verschiedene Baustile und Zeitepochen in Europa darstellen. Auf der Vorderseite des 5-Euro-Scheins ist beispielsweise ein Tor aus der klassischen Epoche zu sehen, die Vorderseite des 50-Euro-Scheins zeigt ein Fenster aus der Renaissance. Die Brücken auf den Rückseiten der Geldscheine symbolisieren die Verbindung zwischen den europäischen Ländern.

Das Stichtiefdruckverfahren ist besonders aufwendig.

die Platte auf eine Walze gespannt wurde, wird die Farbe mit großem Druck auf das Papier übertragen. Dadurch entsteht ein leicht erhöhtes Bild, ein Relief, das man mit den Fingerspitzen ertasten kann. Der Drucker verrät uns auch ein Erkennungsmerkmal, das man nur unter einer ganz speziellen Lampe sehen kann. Ihr habt diese UV-Lampen mit dem blauen Licht bestimmt schon mal in Geschäften gesehen, mit denen die Kassierer die Scheine überprüfen. Bei einem echten Schein sind kleine Kreise und bunte Fäden zu sehen. Aber wie diese Merkmale in den Schein kommen, verrät der Mitarbeiter uns nicht.

Wir sehen uns die Bögen jetzt noch mal genau an und erkennen neben der blauen Europaflagge auf der Vorderseite eine weitere »50«, die aus einem halb sichtbaren und halb unsichtbaren Wasserzeichen besteht. Erst wenn der Bogen gegen das Licht gehalten wird, ist die gesamte Zahl zu erkennen. Auch das ist ein Sicherheitszeichen und wird von den Experten Durchsichtszeichen genannt. Ein weiteres sichtbares Merkmal für einen echten Schein finden wir auf der Rückseite: Es gibt eine 50, die ihre Farbe wechselt, wenn der Schein gekippt wird.

Die Bögen werden zu Einzelnoten zerschnitten.

Natürlich wird dann auch noch jeder Schein nummeriert. Mit einer Art Stempel werden zum Schluss elf Zahlen und ein Buchstabe auf die Rückseite des Papiers gedruckt. Dann sind die Banknoten fertig und werden zu einer Kontrollstation transportiert. Mit einer Kamera und einem Computer wird jeder Bogen automatisch und ganz genau geprüft. Ist auch nur eine Kleinigkeit nicht perfekt, wird der Schein aussortiert und in einer Art Reißwolf in winzige Fetzen zerkleinert. Die Papierschnipsel werden anschließend in Säcken gesammelt.

Die Bögen, die die Qualitätsprüfung bestehen, gelangen jetzt zu einer Schneidemaschine. Jeder Bogen hat 40 50-Euro-Scheine, also 2000 Euro pro Bogen. Die Maschine unterteilt die Bögen zunächst in lange Streifen und zerschneidet sie dann in einzelne Scheine. In der Packmaschine werden die 50-Euro-Scheine gebündelt und in eine durchsichtige Folie eingeschweißt. Später gelangen sie, in Kartons verpackt, mit einem Sicherheitstransporter zur Bundesbank.

Und hier passiert etwas Entscheidendes: Erst wenn die Bundesbank offiziell die Scheine an die Landesbanken weitergibt und diese so in den Umlauf kommen, wird aus dem aufwendig bedruckten Papier mit verschiedenen Sicherheitszeichen etwas Wertvolles – unser Geld.

Um die gute Qualität der Dokumente auch in Zukunft sicherzustellen, bildet die Bundesdruckerei selbst Drucker aus, die sie später oft übernimmt. Und die 130 Mitarbeiter der Bundesdruckerei sind auch sehr stolz darauf, ein so anspruchsvolles Produkt zu erzeugen. Insgesamt kennen aber aufgrund der hohen Sicherheitsanforderungen nur eine Handvoll Drucker im ganzen Unternehmen den gesamten Herstellungsprozess der Banknoten. Als wir die Druckhalle verlassen, kommen uns die Geldnoten jetzt fast wie kleine Kunstwerke vor.

Für den Transport zur Bundesbank werden die Euronoten in Folie eingeschweißt und in Kartons verpackt.

Bildnachweis

Alle Fotos stammen von Sabine Dahm,
mit Ausnahme von:

S.8: Mario Schröder;

S.14, S.17: Warner Brothers;

S.19: Sabine Brauer Photos © Gisela Schober;

S.22: Der Leiter der Justizvollzugsanstalt
Gelsenkirchen, Aldenhofstraße 99 – 101,
45883 Gelsenkirchen;

S.28: Istockphoto (Cristian Andrei Matei);

S.30, S.32: Deutsches Zentrum für Luft- und
Raumfahrt e.V. (DLR);

S.36, S.38: Abtei Plankstetten;

S.42: Südtiroler Archäologiemuseum/Kennis/
Ochsenreiter;

S.45: Südtiroler Archäologiemuseum/EURAC
Staschitz;

S.46: Südtiroler Archäologiemuseum –
www.iceman.it;

S.48, S.50, S.51, S.53: Bernhard-Nocht-Institut für
Tropenmedizin;

S.54, S.57, S.58, S.59: Deutsches Museum;

S.71: Tanja Roth; S.74: Landesarbeitsgericht
Düsseldorf;

S.80, S.82, S.83, S.84, S.85: EDG Entsorgung
Dortmund GmbH;

S.101, S.94, S.98, S.99: Kinder- und Jugendhilfe
Arenberg;

S.102, S.104, S.105, S.106, S.107: Senckenberg;

S.108, S.112: »Bild: DLR«;

S.114, S.116, S.117, S.118, S.119: Fritsch/Hildebrandt,
Leibniz-Institut für Zoo- und Wildtierforschung;

S.124, S.125, S.126: Botschaft der Republik Georgien;

S.128, S.130, S.131, S.132, S.133: maestrani Schweizer
Schokoladen AG;

S.138, S.140/141: Bundesanstalt für Straßenwesen
(BASt);

S.142: Dieter Eickelpoth/universal;

S.147: Thomas E. Götz;

S.148, S.153 o, S.153 m.: Pressestelle TU Berlin/Dahl;

S.150, S.151 u.: TU Berlin, 3 D-Labor/Jastram;

S.151 o.: TU Berlin, 3 D-Labor/Tietze;

S.153 u.: SMB/Gipsformerei/Schelper;

S.154: DFS Deutsche Flugsicherung GmbH;

S.164 o.: BNI / R. Garms;

S.164 u.: BNI / T. Spielmann;

S.168, S.172, S.173, S.175: Lackaffen;

S.176, S.180, S.182, S.183: Sascha Kleschenbach,
Dokumentationsstätte Regierungsbunker; S.179,
S.181; Kajo Meyer, Dokumentationsstätte
Regierungsbunker;

S.184, S.188: Fraunhofer IBMT, Foto: Bernd Müller;

S.186: Tierpark Hagenbeck; S.187: Fraunhofer EMB;

S.190: Boris Golz, Arnsberg;

S.197: Foto Kühle;

S.200, S.203, s.204, S.205: Landeskriminalamt NRW;

S.206: Gerald Lehner / Bergrettung.at;

S.208, S.209, S.211, S.212, S.214, S.215: Bergrettung
Salzburg;

S.216, S.219, S.221, S.222, S.223: Bundesdruckerei
GmbH.